# フランス語で読む 哲学22選

## ―モンテーニュからデリダまで―

武田　裕紀
三宅　岳史
村松　正隆

中村　大介
國領　佳樹
坂本　尚志
亀井　大輔
伊原木大祐
小林　卓也
山上　浩嗣
隠岐さや香
大西　克智
橘　　英希
池田　真治

朝日出版社

https://text.asahipress.com/free/french/ftetsugaku22/index.html

## 凡 例

　　収められたテキストへの註では、「3 つの小さな文法練習」を参照する指示が付された
箇所があります。その場合は " ⇒ 小文 " という記号の後に、対応事項を付してあります。
アルファベットの 《 *M* 》 の後に付された数字は、引用しているラ・ロシュフーコーの『箴
言集』の番号となります。
　　パスカル『パンセ』から引用している例文については、"Pascal, *Pensées,*" のあとにラ
フュマ版の断章番号を L で、ブランシュヴィック版の断章番号を B で示しています。
　　また、たとえば 14-9 などの番号は、14 課註 9 が同様の事項であることを示しています。
網羅的なものではありませんが、類似の表現方法が意外と繰り返し現れていることを実感
してください。

装丁・イラストーメディアアート

# はじめに

　フランス語を勉強したからフランス哲学の古典を読んでみたい、あるいはフランス哲学の文献を原文で読みたいからフランス語を選択したという方は、意外と多いのではないでしょうか。本書は、そうした想いを抱えた方々の一助になればとの思いから編まれたフランス哲学のアンソロジーです。念頭に置いている学習者は幅広く、

— フランス語文法を履修し終えて、フランス語で哲学のテキストにチャレンジしたい方
— 哲学科に在籍し、古今のフランス哲学の文章をひと通り読んでおきたい方
— 哲学専攻以外の人文社会系大学院生で、フランス語哲学文献を読むコツを学びたい方

です。テキストはフランス哲学のメインストリームに連なる人物から選ぶように心がけましたが、主題については狭い意味での哲学だけではなく、科学、美学、人間の習俗の領域もいくつか含んでいます。いずれも珠玉の名文であり、フランス語の魅力そのものを余すところなく伝えてくれるはずです。
　編集にあたっては、皆さんそれぞれが、学習段階に応じて過度に呻吟することなく活用いただけるよう、さまざまな工夫をこらしました。

　第一に、全体を時代別に三部構成とし、現代から近世に遡ることです。これはひとえに、現代の方がフランス語の面で比較的与しやすいからです。ただし、各部の内部での配列は、若干の例外を除いて著作の執筆年順になっていますので、順序よく読んでいただくことで、哲学史的な流れも把握できるようになっています。フランス語にすでに熟練した学習者や、近世哲学を研究テーマとする方ならば、第三部から時系列に沿って読んでいくのも効果的かもしれません。

　第二に、【3つの小さな文法練習】として、哲学書を読むための文法練習となるような例文集を添えたことです。接続法、条件法などは、哲学文献を正確に読むうえできわめて重要ですが、昨今の教養課程でのフランス語カリキュラムでは、授業時間数の関係で文法事項を最後まで終えることができないことも多いようです。これらの文法事項が未

履修の方や、十分に身についていないと感じる方は、ぜひこのコーナーから始めてみてください。例文には、無味乾燥な定型文ではなく、ラ・ロシュフーコーやパスカルから抜粋した魅力的な警句が選ばれています。

　第三に、各章の末尾に【考えてみよう！】というコーナーを設けて、引用文を素材にしつつ哲学的な諸問題について考察したり、用いられている哲学用語の概念史について調べるように促したことです。昨今かまびすしい「主体的学び」への誘いですが、そこで示されているのはもちろん一つの事例に過ぎませんし、他人に示されてしまった以上、それはもはや「主体的」と呼べるかどうか疑わしくもあります。これを手掛かりにして自身の問いを発見していただければ幸いです。

　この教科書は、フランス文学のアンソロジー『レクチュールの冒険』（朝日出版社）に想を得て編まれました。とはいえ、哲学の分野ではこうした広い領域をカヴァーしたアンソロジーの教科書は前例がありません。執筆依頼から編集に至るまで、作業は手探りの状況が続きました。今なおこれでよかったのか自問するところもありますが、各哲学者の専門家が慧眼で選び抜いたテキスト群の充実には自負するところがあります。さらなる工夫の余地はもちろんあるでしょうし、思わぬ不備の見落としがあるかもしれません。読者の皆様のご叱正をお待ちしております。

　この本を編むにあたって、朝日出版社の山田敏之さんには、構想の段階から最後の校正に至るまで、たいへんなご助力を頂きました。新潟でのとある席で、武田が提案したこの反時代的な企画を真剣に受け止めて下さらなければ、本書が世に出ることはなかったはずです。この場を借りて厚くお礼申し上げます。

　2020年9月

編者一同　武田裕紀　三宅岳史　村松正隆

# このテキストを読み解くにあたり

　このテキストを読み解くにあたり、以下のような**難易度表**を設けました。抜粋したテキストの難易度を内容とフランス語の面からそれぞれ三段階で表したものです。内容については、中身の深浅ではなくて、抜粋した箇所を読むために前提となる知識が必要であるかという基準で、フランス語については、構文が複雑か、表現・文体が標準的な現代フランス語から外れていないかという観点から、星の数を決めました。あくまで、引用したテキストについての難易度であって、それぞれの哲学者の全般的な思想や文体についてではありません。また、内容とフランス語の区別は便宜的なものです。内容の理解が深まれば、フランス語も滑らかに読めるようになるでしょう。

| | 著者名・著作品名 | 内容 | フランス語 |
|---|---|---|---|
| 1 | ベルクソン『意識に直接与えられたものについての試論』 | ★★ | ★ |
| 2 | ポアンカレ『科学と仮説』、『科学の価値』 | ★★ | ★ |
| 3 | メルロ＝ポンティ『知覚の優位性とその哲学的帰結』 | ★★ | ★ |
| 4 | ボーヴォワール『第二の性』 | ★ | ★ |
| 5 | フーコー『言葉と物』 | ★★★ | ★★★ |
| 6 | デリダ『哲学の余白』 | ★★ | ★★ |
| 7 | レヴィナス『存在するとは別の仕方で、あるいは存在することの彼方へ』 | ★★★ | ★★ |
| 8 | ドゥルーズ『哲学とは何か』 | ★★ | ★ |
| 9 | ディドロ『1763年のサロン』 | ★ | ★ |
| 10 | コンディヤック『人間認識起源論』 | ★ | ★ |
| 11 | ルソー『社会契約論』 | ★ | ★★ |
| 12 | コンドルセ『女性の市民権の承認について』 | ★ | ★ |
| 13 | メーヌ・ド・ビラン『心理学の諸基礎についての試論』 | ★★ | ★★ |
| 14 | コント『実証的精神論』 | ★ | ★ |
| 15 | クルノー『認識の根拠と哲学的批判の特徴に関する試論』 | ★ | ★ |
| 16 | モンテーニュ『エセー』 | ★ | ★★★ |
| 17 | デカルト（1）『方法序説』 | ★ | ★★★ |
| 18 | デカルト（2）『情念論』 | ★★ | ★★ |
| 19 | パスカル『幾何学的精神について』 | ★ | ★★★ |
| 20 | マルブランシュ『真理探求論』 | ★★★ | ★ |
| 21 | ライプニッツ（1）『弁神論』 | ★★ | ★ |
| 22 | ライプニッツ（2）『モナドロジー』 | ★★★ | ★ |

# 目次

### 第**3**部

# フランス現代哲学はなぜ分かりにくいのか〜20世紀展望

　フランス現代哲学は難しい─そのようなイメージが皆さんのなかにあるだろうか。難解というのもいろいろ種類があるし、また背景知識やフランス語の習得状況にもよるので、一概には言い切れないかもしれない。また哲学のテクストはどれも難しいと言えば難しいのだが、現代哲学には独自のとっつきにくさが存在すると思われる。本書にもフランス現代哲学のテクストが掲載されているが、もしかしたら、読者の中にはなぜこんなに分かりにくい文章なのか途方にくれてしまう人もいるかもしれない。現代思想を勉強してもその晦渋さは消えることはないのだが、**哲学史の背景を知れば、その分からなさのポイントがどこにあるのかはある程度理解できるようになる**と思われる。これはどこが分からないかも分からないという事態よりかはマシだろう。フランス現代哲学はなぜ分かりにくいのか。ここではその理由の一端を教科書的な哲学史の説明とあわせて解説することにしたい。

　近世哲学の祖デカルトは真理の基準を「明晰・判明」においた。「明晰」とは何かを巡っては、本当はいろいろと解釈はありえるのだけれども、ここでは極めて図式的に説明することにしよう。

　思考する私にとって明晰さとは「観念」あるいは「表象」として与えられる。観念や表象とは、私は直接的に外界を認識できないので（デカルトは懐疑によって少しでも疑わしいものは偽として退けたが、外界の存在も夢などの経験からすると、本当に認識の通り存在しているかは疑わしい）、その外界にある「何ものか」を代わりに表しているものである。この観念をもとにして私たちは言語をつくるのだが、真理を反映する言語をつくるためには、観念の明晰性を写しとるような透明な言語でなくてはならない。こう考えると、フランス語の規範の一つが「明晰」に求められた理由も理解できるだろう。

　しかし、このような「考える私」や「主体」を中心にして真理を考える枠組みは、19世紀から20世紀にわたり崩れていく。考える私に現れる表象の明晰さは疑えないものとして近世哲学ではある程度共通の前提とされていた。しかし現代になると、私や主体は私以外のより根源的な何ものかに支配されているのではないかという疑問が出てくるようになった。

　私の思考は無意識に踊らされているのではないか（フロイト）、人間の思考は社

会の経済的な構造によって規定されているのではないか（マルクス）、意識は生命的な「力への意志」が生み出しているのではないか（ニーチェ）というような疑問である。これらの議論の背後には、それぞれ心理学（精神分析）、経済学、生物学といった科学の興隆があった。

　さらに、思考や観念から言語が作り出されるという見解も、疑わしいものになってくる。むしろ思考から言語が作り出されるよりは、言語から思考や主体が作られるのではないか。そうだとすると、言語はむしろ我々のものの見方を制約し、あるいは見え方を調節している眼鏡のようなもので、それを取ってしまうと何も見えなくなってしまう根本的なものとも考えられるようになる。このような転換が現代哲学の前提にあったのである。

　こうなると、思考する私に依拠して言語を明晰に組み立てればよいというような、言語の明晰さやそれに基づく真理を保証することはそもそも不可能ということになる。やがて現象学がフランスに入ってくると、意識的主体を中心にしたサルトルの哲学（『弁証法的理性批判』1960年）に対して、レヴィ＝ストロースは言語という構造が人間の思考を規定していると批判する（『野生の思考』1962年）。

　フーコーは**フランス哲学のなかに主体の思考の系譜**（メーヌ・ド・ビラン、ベルクソン、サルトル、メルロ＝ポンティ）**と概念の思考の系譜**（コント、ポアンカレ、カヴァイエス、バシュラール、カンギレム）があることを指摘している（「生命─経験と科学」1985年）。実際にはこの二つの系譜は入り混じっていてきれいに分割できるものではないが、概略的に言うと**現代哲学は前者から後者への転換**として説明できる。言語の自律的な展開から主体が生じるというのが概念の哲学の考えであり、そこでは明晰な言語を生み出す主体はもはや存在しない。また現象学の方でも、このような批判を踏まえて、現象学の内部からその枠組みを絶えず壊していくような多様な試みがなされるようになる。

　主体は、生や権力、無意識、労働、言語、性などのさまざまな関係が現われては消えていく場となって、それらはもはや透明な意識によっては捉えられない。このような哲学的な背景及び見解が、現代哲学の言説を分かりにくいものにしているのである。

　以上、どこが分からないかも分からないという事態が少しでもなくなればと書いてみたのだがいかがだろうか。フランス哲学のよりよい読解に向けた一助となれば幸いである。

# 1.

# Henri Bergson,

*Essai sur les données immédiates de la conscience* (1889)

> アンリ・ベルクソン（1859〜1941）は20世紀前半のフランス哲学を代表する哲学者の一人。ベルクソンの思考の特徴は、具体的な場面を通して哲学の概念を考察するところにあり、本文もそのよい一例となっている。「持続」と彼が呼ぶ時間の流れが意識に直接的に経験される様子がここでは描かれ、それが数えられる時間とは異なることが論じられている。

♫ 2 本文

Au moment où j'écris ces lignes, l'heure sonne[1] à une horloge voisine ; mais mon oreille distraite ne s'en[2] aperçoit que[3] lorsque plusieurs coups se sont déjà fait entendre ; je ne les ai donc pas comptés. Et néanmoins, il me suffit d'un effort d'attention rétrospective pour faire la somme des quatre coups déjà sonnés, et les ajouter à ceux que j'entends. Si, rentrant en moi-même, je m'interroge alors soigneusement sur ce qui vient de se passer, je m'aperçois que les quatre premiers sons avaient frappé[4] mon oreille et même ému ma conscience, mais que[5] les sensations produites par chacun d'eux, au lieu de[6] se juxtaposer, s'étaient fondues les unes dans les autres de manière à[7] douer l'ensemble d'un aspect propre, de manière à en[8] faire une espèce de phrase musicale. Pour évaluer rétrospectivement le nombre des coups sonnés, j'ai essayé de reconstituer cette phrase par la pensée ; mon imagination a frappé un coup, puis deux, puis trois, et tant qu'elle n'est pas arrivée au nombre exact quatre[9], la sensibilité, consultée, a répondu que l'effet total différait qualitativement. Elle avait donc constaté à sa manière la succession des quatre coups frappés, mais tout autrement que par une addition[10], et sans faire

---

1 **sonner** 時や時期を主語にして,「(その時が合図の音などで)告げられる,鳴る」. ex. Midi a sonné à la cathédrale.
2 **en** は s'apercevoir (de) の目的語となり, « l'heure sonne à une horloge voisine » の部分を指している. ⇒ 小文 ①(1) M76
3 **ne ... que ~** は, lorsque 節にかかり「〜のときにしか…しない」という意味になる. cf. 3-11, 4-20, 6-2.
4 **avaient frappé** 大過去. 基準となる過去より以前に起こった出来事であることを示す. ここで基準となる過去は « lorsque plusieurs coups se sont déjà fait entendre ».
5 この **que** 節は, « je m'aperçois que ..., mais que ... » という形で動詞 s'apercevoir の目的語になっている.
6 **au lieu de** + 不定詞 「〜せずに」「〜する代わりに」.
7 **de manière à** + 不定詞 「〜するような仕方で」.
8 **en** = de l'ensemble. faire A de B 「BをAにする」 de B の部分を en が受けている. cf. 2-14.
9 **tant que ~** 「〜する限り」「〜する間は」.
10 **autrement que ~** 「〜とは異なるやり方で」.

第1部

intervenir l'image d'une juxtaposition de termes distincts. Bref, le nombre des coups frappés a été perçu comme qualité, et non comme quantité ; la durée\* se présente ainsi à la conscience immédiate, et elle conserve cette forme tant qu'elle ne cède pas la place à une représentation symbolique, tirée de l'étendue. — Distinguons donc, pour conclure[11], deux formes de la multiplicité\*\*, deux appréciations bien différentes de la durée, deux aspects de la vie consciente. Au-dessous de la durée homogène\*\*\*, symbole extensif de la durée vraie[12], une psychologie attentive démêle une durée dont les moments hétérogènes se pénètrent[13]; au-dessous de la multiplicité numérique des états conscients, une multiplicité qualitative ; au-dessous du moi aux états bien définis, un moi où succession implique fusion et organisation[14].

> **用語**
>
> \*    **la durée**（持続）── ベルクソン哲学の最重要概念。意識に直接あらわれる時間の流れとして体験され、そこでは現在と過去が相互浸透して質的な流れとなり、本文でも説明されているようにメロディーにもたとえられる。
>
> \*\*   **deux formes de la multiplicité**（多様性の二つの形式）── ベルクソン哲学では持続と空間が対概念とされ、それが多様性の異なる二つの形式とも呼ばれる。持続は異質的多様性や質的多様性、空間は同質的多様性や量的多様性と言い換えられて用いられる。
>
> \*\*\*  **la durée homogène**（同質的持続）── 同質的時間（temps homogène）とも呼ばれ、座標のような時間のこと。持続が質や動きを失ったときに静止や量によって時間があらわされると時間が空間化され、同質的時間が生じるとベルクソンは考える。

## 考えてみよう！

体験される心理的時間と計測される物理的時間は違うと思いますか。時間の流れは人や生物によって違うでしょうか。二種類の時間の違いと類似点についてまとめてみましょう。できれば同じ問題を友だちや家族にも聞いて意見交換してみましょう。

---

11  **pour conclure**  「結論を言えば」.

12  **symbole extensif de la durée vraie** は前にある « la durée homogène » と同格なので無冠詞. cf. 14-11.

13  先行詞を含めて **dont** 節のなかを書き直すと, les moments hétérogènes d'une durée se pénètrent となる. ⇒ 小文 ①(2) *M*156

14  **des états conscients**, の後および **états bien définis**, の後に, « une psychologie attentive démêle » が, 反復の煩雑さを避けるため省略されている.

# 2.

## Henri Poincaré,

*La Science et l'hypothèse* (1902), *La Valeur de la science* (1905)

> ポアンカレの科学哲学上の仕事から、1.『科学と仮説』（1902）及び 2.『科学の価値』（1905）、それぞれにおける「直観」の議論を見てみよう。前者ではチェス・プレイヤーの直観との違いが、後者では類似性が述べられている。いずれも、数学を厳密な論理の積み重ねとしては捉えない彼の立場がよく表れている箇所である。

**本文**

1. [...]; un joueur d'échecs peut combiner quatre coups, cinq coups d'avance, mais, si extraordinaire qu'on le suppose[1], il n'en[2] préparera jamais qu[3]'un nombre fini ; s'il applique ses facultés à l'arithmétique, il ne pourra en[4] apercevoir les vérités générales d'une seule intuition directe ; pour parvenir au plus petit[5] théorème, il ne pourra s'affranchir de l'aide du raisonnement par récurrence* parce que c'est un instrument qui permet de passer du fini à l'infini[6].

2. J'ai déjà eu l'occasion d'insister sur la place que doit garder l'intuition dans l'enseignement des Sciences mathématiques. Sans elle, les jeunes esprits ne sauraient[7] s'initier à l'intelligence des Mathématiques; [...]. Le logicien** décompose pour ainsi dire[8] chaque démonstration en un très grand nombre d'opérations élémentaires ; quand on aura examiné[9] ces opérations les unes après les autres et qu'on[10] aura constaté que chacune d'elles est correcte, croira-t-on avoir compris le véritable sens de la démonstration ? [...] Si vous assistez à une partie d'échecs, il ne vous suffira pas, pour comprendre la partie, de savoir les règles de la marche des pièces. Cela vous permettrait[11] seulement de reconnaître que chaque

---

1  **si ~ que + 接続法**　「どれほど～であろうと」．ex. Si prudent que vous soyez, vous ne pourrez éviter toutes les erreurs.⇒ 小文 ③(1) (d) の一種

2  **en** は de coups を受ける中性代名詞．⇒ 小文 ①(1) *M*106

3  **ne ~ jamais que**　「（結局）～するにすぎない」．cf. 14-9.

4  **en** は de l'arithmétique を受ける中性代名詞．⇒ 小文 ①(1) *M*106

5  **au plus petit**　ここでの最上級は、「一番小さい」ではなく、「きわめて些細な」の意．

6  **c'est ... qui ...** は強調構文ではない．ce は « raisonnement par récurrence » を指す．

7  **savoir** の条件法．« Sans elle » が仮定条件になっている．⇒ 小文 ②(2) *M*140

8  **pour ainsi dire**　「いわば」．

9  **aura examiné**　未来形の主節の前に完了する行為として，ここでは前未来形が用いられている．

10  **qu'on** の que は，先行する接続詞 quand の代用．cf. 3-4, 10-7.

11  **permettre A de 不定詞**　「A が～するのを可能にする．A が～できるようにする」．英語の enable A to V にあたる表現．なお主語の Cela が仮定条件となっている．⇒ 小文 ②(2) *M*154, cf. 9-11, 15-5.

coup a été joué conformément à[12] ces règles et cet avantage aurait vraiment bien peu de prix. C'est pourtant ce que ferait le lecteur d'un livre de Mathématiques, s'il n'était que logicien. Comprendre la partie, c'est tout autre chose ; c'est savoir pourquoi le joueur avance telle pièce plutôt que telle autre qu'il aurait pu[13] faire mouvoir sans violer les règles du jeu. C'est apercevoir la raison intime qui fait de cette série de coups successifs une sorte de tout organisé[14]. A plus forte raison[15], cette faculté est-elle nécessaire au joueur lui-même, c'est-à-dire à l'inventeur. [...]: l'intuition est l'instrument de l'invention.

> ### 用語
>
> * **raisonnement par récurrence**（再帰性による推論）—「数学的帰納法」がその典型。例えば、「自然数 1 から $n$ までの和は $\frac{1}{2}n(n+1)$ である」という命題を考えよう。この命題の証明は次の三つのステップでなされる。まず［1］$n = 1$ のときに成り立つことを示す。次に［2］$n = k$ のときに成り立っているならば、$n = k+1$ のときにも成り立つことを示す。以上二つが示されれば、［3］第一ステップの結果を第二ステップに入れると、$n = 2$ のときに成り立つことが分かり、この結果を再び第二ステップに入れると、$n = 3$ のときに成り立つことが分かり、この結果をみたび第二ステップに入れると、$n = 4$ のときに成り立つことが分かり、…という仕方で「すべての $n$（無限個の $n$）」について成り立つことが分かる。第二ステップで出た結果を再びそのステップに入れることで証明がなされていくので、こうした推論は「再帰性」をもつと言われる。
> ** **logicien**（論理学者）— ここでは、直観に訴えかけることなく、厳密さと確実性を重視して、一歩ずつ進んでいくようなタイプの数学者のことを指す。

### 考えてみよう！
チェス・プレイヤーも囲碁棋士も今では AI に勝つことは難しいですが、ではポアンカレが評価するような直観を、コンピュータや AI は持つことができるでしょうか。

---

12　**conformément à ~**　「～に対応して」「～と一致して」.
13　**il aurait pu**　条件法過去であることに注意. 現在の事実《 il avance telle pièce 》と対比して過去についての仮定を表す. s'il avait voulu といった仮定条件を読み込むこと. ⇒ 小文 ②(2)
14　**faire A de B**　「B を A にする」（ここでは de B の部分が先に出ている）. cf. 1-8.
15　**à plus fort raison**　「なおのこと」「いわんや」. 本文中では, à は大文字のためアクサン・グラーヴが省略されている.

# 3

# Maurice Merleau-Ponty,

*Le Primat de la perception et ses conséquences philosophiques* (1946)

『知覚の優位性とその哲学的帰結』は、主著『知覚の現象学』（*Phénoménologie de la Perception*）を刊行した翌年、1946年に行われた講演の記録と、それ以前にメルロ＝ポンティが提出した二つの研究計画書からなる。引用は講演記録からおこなった。ここでメルロ＝ポンティは、対立する二つの伝統的な知覚理論のどちらも、私たちの知覚経験がもつ現象的な特徴をうまく捉えきれていないと批判する。いずれの理論も私たちにとって知覚経験をもつとはこのようなことであるという何かを取り逃がし、その結果、他人とのコミュニケーションも説明不可能にしてしまう。これを示すことで、経験をありのままに記述することを求める現象学のエッセンスが提示されている。

♪4　本文

　　Si je considère mes perceptions comme de simples sensations[1], elles sont privées*, elles ne sont que miennes. Si je les traite comme des actes de l'intelligence, si la perception est une inspection de l'esprit** et l'objet perçu une idée[2], alors c'est du même monde que nous nous entretenons, vous et moi, et[3] la communication est de droit entre nous parce que le monde est passé à l'existence idéale et qu[4]'il est le même en nous tous comme le théorème de Pythagore. Mais aucune de ces deux formules ne rend compte de[5] notre expérience. Si nous sommes, un ami et moi, devant un paysage, et si j'essaie de montrer à mon ami quelque chose que je vois et qu'il ne voit pas encore, nous ne pouvons pas rendre compte de la situation en disant que je vois quelque chose dans mon monde à moi, et que j'essaie par messages verbaux de susciter dans le monde de mon ami une perception analogue ; il n'y a pas deux mondes numériquement distincts et une médiation du langage qui nous réunirait[6] seule. Il y a, et je le[7] sens bien si je

---

1　**de simples sensations**　形容詞＋複数名詞の前では不定冠詞の des は de になる.
2　**l'objet perçu une idée** = l'objet perçu [est] une idée.
3　**et**　命令・条件の後では，「そうすれば」「そうなら」．ここでは alors に続いている.
4　**que**　parce que を簡略している．接続詞（句）を繰り返すときには，しばしば que のみで代用する．cf. 2-10, 10-7.
5　**rendre compte de ~**　「~について説明する」.
6　**une médiation du langage** は現実的にはないので，「仮にあれば」というニュアンスで条件法が用いられている. ⇒ 小文 ②(2) M154. うしろの seule は女性形であることに注意.
7　文中の挿入節で，中性代名詞 **le** によって主節を受けることがある. ex. Vous avez, je (le) vois, de bonnes raisons.（なるほど，あなたには立派な理由がある.）

第1部

m'impatiente, une sorte d'exigence que ce qui est vu par moi le[8] soit par lui. Mais, en même temps, cette communication est demandée par la chose même que je vois, par[9] les reflets du soleil sur elle, par sa couleur, par son évidence sensible\*\*\*. La chose s'impose non pas comme vraie pour toute[10] intelligence, mais comme réelle pour tout sujet qui partage ma situation.

Je ne saurai jamais comment vous voyez le rouge et vous ne saurez jamais comment je le vois ; mais cette séparation des consciences n'est reconnue qu'après[11] échec de la communication, et notre premier mouvement[12] est de croire à un être indivis entre nous.

---

**用語**

\*　　**privé, e**（私秘的）── 他人と原理的に共有できないということ。たとえば、多くの哲学者が「痛みは私秘的である」と言う。なぜなら、私が痛みを感じているとき、この痛みは私だけが感じる痛みであって、他の誰かが厳密に同じ痛みを感じることはできないからである。古くから、感覚も同様に私秘的であるとみなされている。

\*\*　**inspection de l'esprit**（精神の洞見）── デカルトの用語。知性の働きのこと。詳しくは『省察』における蜜蠟の分析（「第二省察」）を参照。（見かけは刻々と変化する蜜蠟というものの「実体」の観念を把握するには、想像力や感覚ではなくて知性が有効であることを「精神の洞見」と呼んだ。）

\*\*\*　**évidence sensible**（感覚的明証性）── たとえば、赤い花を見ているとき、私に与えられているその赤さの感覚は、〈赤い花が存在すること〉や、〈その花が赤い〉ということを私に信じ込ませる理由ないし根拠となる。このように感覚はそれ自体で、関連する信念を正当化する特徴をもつ。これを「感覚的明証性」と呼ぶ。

---

**考えてみよう！**

メルロ゠ポンティが記述する communication のあり方をふまえて、私たちが本当に人工知能と会話可能なのか考えてみよう。あるいは、もしそれが可能ならば、どのような条件を人工知能が満たしていないといけないか考えてみよう。

---

8　　**vu** という形容詞（過去分詞）を受ける中性代名詞.
9　　ここから続く **par** は，《 par la chose même que je vois 》の内実を説明する列挙である.
10　**tout + 無冠詞名詞**　「どんな〜も」.
11　**ne 〜 que + après** となっている. cf. 1-3, 4-20, 6-2.
12　**mouvement**　ここでは「心の働き」の意.

# 4. Simone de Beauvoir,
## *Le Deuxième Sexe* (1949)

シモーヌ・ド・ボーヴォワール（1908〜1986）は、フランスの実存主義や現象学の思想家であるとともに、小説家やフェミニズム運動家などとして多様な領域でも活躍した。その代表的著作は『第二の性』（1949年）であり、本文は「女とは何か」というこの著作の中心的問いに対し、その答えをまとめながら説明している箇所である。

♪ 5　**本文**

Mais suffit-il de changer les lois, les institutions, les mœurs, l'opinion et tout le contexte social pour que[1] femmes et hommes deviennent vraiment des semblables ? « Les femmes seront toujours des femmes », disent les sceptiques ; et d'autres voyants prophétisent qu'en dépouillant leur féminité elles ne réussiront pas à se changer en hommes et qu'elles deviendront des monstres. C'est[2] admettre que la femme d'aujourd'hui est une création de la nature ; il faut encore une fois répéter que dans la collectivité humaine rien n'est naturel et qu'entre autres[3] la femme est un produit élaboré par la civilisation* ; l'intervention d'autrui dans sa destinée est originelle : si cette action était autrement dirigée, elle aboutirait à un tout autre résultat[4]. La femme n'est définie ni par ses hormones ni par de mystérieux instincts mais par[5] la manière dont[6] elle ressaisit, à travers les consciences étrangères, son corps et son rapport au monde** ; l'abîme qui sépare l'adolescente de l'adolescent a été creusé de manière concertée[7] dès les premiers temps de leur enfance ; plus tard, on ne saurait[8] empêcher que[9] la femme ne soit ce qu'elle *a été faite* et elle traînera toujours ce passé derrière elle ; si on en[10] mesure le poids, on comprend avec

---

1　**pour que + 接続法**　「〜するためには」. 動詞 deviennent（3人称複数）は直説法と同じ形であるが，接続法である. ⇒ 小文 ③(1)(d)
2　この文頭の **ce** は前文までの内容を漠然と受けている.
3　**entre autres**　「とりわけ」.
4　この **si** からはじまる箇所は,「si + 半過去, 条件法現在」という典型的な反現実的仮定である. ⇒ 小文 ②(1) M284
5　**A n'est 〜 ni par B ni par C mais par D**　「Aは，BによってでもCによってでもなく，Dによって〜される」. ne...ni A, ni B と non A, mais B が組み合わさっている.
6　**la manière dont 〜**　「〜するやり方」. ⇒ 小文 ①(2) M88, cf. 15-14.
7　**de manière + 形容詞**　「〜な仕方で」. cf. 20-6.
8　**saurait**　savoir の条件法現在が用いられ，ここでは未来に関する軽い推測を示している. pouvoir, savoir などの補助動詞では ne 〜 pas の pas は省略されることが多い.
9　**empêcher que** の節のなかは接続法（soit）になり，ここでは虚辞の ne が用いられている.
10　**en** = de « ce passé » で，後続の名詞 le poids にかかる. ⇒ 小文 ①(1) M106

évidence que son destin n'est pas fixé dans l'éternité. Certainement, il ne faut pas croire qu'il suffise[11] de modifier sa condition économique pour que la femme soit transformée : ce facteur a été et demeure le facteur primordial de son évolution ; mais tant qu'il n'a pas entraîné les conséquences morales, sociales, culturelles, etc. qu'il annonce et qu'il exige, la femme nouvelle ne saurait apparaître ; à l'heure qu'il est[12] elles ne se sont réalisées nulle part, pas plus en U.R.S.S. qu'en France ou aux U.S.A.[13] ; et c'est pourquoi[14] la femme d'aujourd'hui est écartelée entre le passé et l'avenir ; elle apparaît le plus souvent comme une « vraie femme » déguisée en homme, et elle se sent mal à l'aise aussi bien dans sa chair de femme que dans son habit masculin[15]. Il faut qu'elle fasse peau neuve[16] et qu'elle se taille ses propres vêtements[17]. Elle ne saurait[18] y[19] parvenir que[20] grâce à une évolution collective.

**用語**

\*   **la femme ... par la civilisation** ── ここの箇所は「人は女に生まれるのではない、女になるのだ。」という『第二の性』の有名な一節と同じ内容が繰り返されている。

\*\*  **La femme ... au monde** ──「女とは何か」という問いに対して、男は自分の基準により自己決定できるのに対して、女は他者の基準のもとで自分の身体や世界との関係を再把握させられる存在として定義されている。

**考えてみよう！**

ボーヴォワールの『第二の性』が書かれたのは 50 年以上も前ですが、そのころにボーヴォワールが子供時代にうける教育、恋愛、仕事、結婚、育児などについて男女の違いについて述べたことは今でも当てはまるか、そうではないかを考えてみましょう。

---

11   **suffise** は接続法だが，これは croire などの意見・認知をあらわす主節の動詞が否定文のとき，その従属節は接続法になる．⇒ 小文 ③(1) (a)

12   **à l'heure qu'il est**「現在では」．

13   **ne ~ pas plus A que B**「B でも同じく，A でも～ではない」．ここでは A, B に入るのは前置詞句．cf. 17-6.

14   **c'est pourquoi ~**「そういうわけで～である」．

15   **aussi bien A que B**「A も同様に B も」．

16   **faire peau neuve**「服を着替える」．

17   **Il faut que + 接続法**　意思を表す語句の後で動詞が接続法．⇒ 小文 ③(1) (b) *M*495

18   **saurait**　現実に反した想定なので，条件法が用いられている．« grâce à une évolution collective » が条件．⇒ 小文 ②(2) *M*140, *M*216

19   この y は文法的には parvenir à ~ の下線部の中性代名詞であるが，内容的には漠然と前文を受けていると解釈できる．

20   **ne ... que** は，« grâce à ~ » にかかり「～のおかげでしか…しない」という意味になる．cf. 1-3, 3-11, 6-2.

# 5. Michel Foucault,

*Les Mots et les choses* (1966)

最終ページで「人間の死」を予言した『言葉と物』は、その難解さにもかかわらずベストセラーとなった。フーコーはヨーロッパの知の歴史をルネサンス、古典主義時代（17-18世紀）、近代の3時代に分割し、それぞれに独自の知の枠組み（エピステーメー）を見出した。ルネサンスの知は物や言葉の間の類似関係の上に成立していた。古典主義時代の知は、言語はあらゆるモノの完全な写像であるという表象の概念に基づき構築されていた。古典主義時代末期に、モノと言語の関係は変容し、モノは固有の歴史性を持ち、変化するものとなった。古典主義時代の知に取って代わった近代の知の原理は、話し、生き、働く存在としての人間である。人間は、経験的知の客体であるだけでなく、超越論的な知の主体でもある。とはいえ、人間はその有限性のために、知の絶対的基盤ではなく、不安定な存在であった。20世紀後半に、知を基礎づける人間の役目は終わりつつある。人間は、精神分析、民族学、言語学といった人間中心主義的でない新たな知の形によって、「死」を迎えようとしている。

## 本文

Une chose en tout cas est certaine : c'est que l'homme n'est pas le plus vieux problème ni le plus constant qui se soit[1] posé au savoir humain. En prenant une chronologie relativement courte et un découpage géographique restreint – la culture européenne depuis le XVI<sup>e</sup> siècle – on peut être sûr que l'homme y est une invention récente. Ce n'est pas autour de lui et de ses secrets que, longtemps, obscurément, le savoir a rôdé. En fait, parmi toutes les mutations qui ont affecté le savoir des choses et de leur ordre, le savoir des identités, des différences, des caractères, des équivalences, des mots, – bref au milieu de tous les épisodes de cette profonde histoire du *Même** – un seul[2], celui qui a commencé il y a un siècle et demi et qui peut-être est en train de[3] se clore, a laissé apparaître la figure de l'homme. Et ce n'était point là libération d'une vieille inquiétude, passage à la conscience lumineuse d'un souci millénaire, accès à l'objectivité de ce qui longtemps était resté pris[4] dans des croyances ou dans des philosophies : c'était

---

1 **le plus vieux problème ~** 関係代名詞の先行詞が最上級のため，関係節内が接続法となる．⇒ 小文 ③ (1) (c)
2 **un seul** épisode を受ける．そのあとの celui でこれを受け直して，関係代名詞以下でさらに説明している．
3 **être en train de ...** 「…している最中である」．
4 **rester** 属詞／様態 「同じ状態，立場などにとどまる」．ex. Il reste debout.

l'effet d'un changement dans les dispositions fondamentales du savoir\*\*. L'homme est une invention dont⁵ l'archéologie de notre pensée montre aisément la date récente. Et peut-être la fin prochaine.

Si ces dispositions venaient à⁶ disparaître comme elles sont apparues, si par quelque événement dont nous pouvons tout au plus pressentir la possibilité, mais dont nous ne connaissons pour l'instant⁷ encore ni la forme ni la promesse, elles basculaient⁸, comme le fit⁹ au tournant du XVIIIᵉ siècle le sol de la pensée classique, – alors on peut bien parier que l'homme s'effacerait, comme à la limite de la mer un visage de sable.

---

### 用語

\*  **cette profonde histoire du *Même*** （同一なるもののあの深淵な歴史）— 1960年代のフーコーは、同一なるもの Même と他なるもの Autre の歴史について哲学的に思考することを目指していた。『狂気の歴史』における非理性、『臨床医学の誕生』における死、『レイモン・ルーセル』における言語は、われわれにとっての他なるものの歴史的考察であった。その一方、『言葉と物』は、各時代の知がいかにして事物を秩序立てているかを分析し、その秩序が同時代人にとっては意識されないにもかかわらず、各時代に固有の知の同一性を保証するものであることを明らかにした。その不可視性こそが、「深淵な歴史」である。

\*\* **les dispositions fondamentales du savoir** （知の基礎的配置）— ある時代の知のあり方を規定している枠組みのこと。エピステーメーと同義。フーコーが定義したエピステーメーとは、同時代人にとっては自明で普遍的であるように思えるが、実際には歴史的に形成された「歴史的アプリオリ *a priori* historique」である。

---

### 考えてみよう！

フーコーが『言葉と物』で示した「人間」概念の新しさのように、われわれが昔から存在しているように思っているモノで、実は比較的最近作り出されたという概念や実践にはどのようなものがあるでしょうか。

---

5  **dont**  de + 先行詞の関係代名詞. この場合は de l'invention となり, la date récente de l'invention を置き換えている. ⇒ 小文 ①(2) *M*156

6  **venir à ~**  「たまたま～する」. ex. Si vous venez à passer par là, entrez chez moi.

7  **pour l'instant**  「今のところ」. pour le moment も同義.

8  **elles basculaient**  挿入句によって si と離れているが, 条件節の主語と動詞.

9  **fit**  faire の単純過去.

# 6.

## Jacques Derrida,

*Marges – de la philosophie,* « La différance » (1972)

> 「現在」とは何だろう。時間は、過去・現在・未来の三つから成ると考えられている。そのなかで「現在」は、まさに今、目の前に現れているもの、つまり現前性として考えられている。それを基準として過去と未来は、「現在から過ぎ去ったもの」「現在には未だ来ていないもの」と捉えられる。こうした時間についての常識的で伝統的な考えを揺さぶろうとするのが、脱構築の哲学者ジャック・デリダである。「差延」は、『哲学の余白』（1972年）に収録された1968年の講演。デリダの考えをはっきりと表明し、大いに注目された代表作のひとつである。「差延」とは差異化と遅延の運動を表す言葉であり、デリダにとってあらゆるものは差延の運動を根底に含んでいることになる。引用はまさに、「現在」は差延の運動によって成り立つものであり、過去や未来との関係なくしては、現在は現在ではないことを語っている箇所。

♪ 7 　本文

　　Repartons. La différance\*, c'est ce qui fait que[1] le mouvement de la signification n'est possible que[2] si chaque élément dit « présent », apparaissant sur la scène de la présence, se rapporte à autre chose que lui-même, gardant en lui la marque de l'élément passé et se laissant[3] déjà creuser par la marque de son rapport à l'élément futur, la trace ne se rapportant pas moins[4] à ce qu'on appelle[5] le futur qu'à ce qu'on appelle le passé, et constituant ce qu'on appelle le présent par ce rapport même à ce qui n'est pas lui : absolument pas lui, c'est-à-dire pas même un passé ou un futur comme présents modifiés. Il faut[6] qu'un intervalle le sépare de ce qui n'est pas lui pour qu'il soit lui-même, mais cet intervalle qui le constitue en présent doit aussi du même coup[7] diviser le présent en lui-même, partageant[8] ainsi, avec le présent, tout

---

1 　**ce qui fait que ~**　「（前文を受けて）それは〜（という結果）を引き起こす」．ここでは名詞句をつくり，「差延とは，〜を引き起こすものである」という意味．\* faire que ...「…を引き起こす」．

2 　**ne ... que ~**　「…であるのは〜のときだけである」．〜が si 節になっている．cf. 1-3, 3-11, 4-20.

3 　**se laisser + 不定詞**　「〜するがままにしておく」．cf. 7-4.

4 　**ne ~ pas moins A que B**　「B に劣らず A だ，B と同様に A だ」．cf. 14-5.

5 　**ce qu'on appelle ~**　「人々が〜と呼ぶもの，〜と呼ばれるもの」．ここでは，「過去と呼ばれるもの」や「未来と呼ばれるもの」等と表現することで，過去・現在・未来という時間の日常的な考え方をいったん保留するようなニュアンスが出ている．

6 　**il faut que ~**　「〜でなければならない」，**pour que ~**　「〜であるためには」．双方とも接続法を用いる．⇒ 小文 ③(1) (b) *M*495

7 　**du même coup**　「同時に」．間隙が「現在において現在を構成する」ことと，それが「現在を現在それ自身において分割する」ことの，矛盾するふたつの運動が「同時に」起こることが言われている．

8 　**partager ~**　「〜を分割する」 / partager A avec ~　「A を〜と共有する，分かち持つ」．ここでは，「分割」しながら「分かち持つ」という両方の意味を持つ．

ce qu'on peut penser à partir de lui, c'est-à-dire tout étant, dans notre langue métaphysique, singulièrement la substance ou le sujet. Cet intervalle se constituant, se divisant dynamiquement, c'est ce qu'on peut appeler *espacement*, devenir-espace du temps ou devenir-temps de l'espace (*temporisation*)\*\*. Et c'est[9] cette constitution du présent, comme synthèse « originaire » et irréductiblement non-simple, donc, *stricto sensu*, non-originaire, de marques, de traces de rétentions et de protentions\*\*\* (pour reproduire ici, analogiquement et provisoirement, un langage phénoménologique et transcendantal qui se révélera tout à l'heure inadéquat) que je propose d'appeler archi-écriture, archi-trace ou différance. Celle-ci (est) (à la fois) espacement (et) temporisation[10].

---

**用語**

\*  **différance**（差延）── 動詞 différer の現在分詞 différant を名詞化したものである。フランス語の différence（差異）の e を a に変えた形だが、発音は同じ。différer には他動詞で「延期する」、自動詞で「異なる」という意味があり、différance はこの二つの意味を同時に表す。trace（痕跡）、archi-trace（原 - 痕跡）、archi-écriture（原 - エクリチュール）といった言葉も、差延の運動を指し示す語としてデリダが用いるものである。

\*\*  **espacement / temporisation**（間隔あけ／時間かせぎ）── espacement は espacer（間隔をあける）つまり何かと何かを切り分けることを、temporisation は temporiser（時間をかせぐ）つまり時機を遅らせることを意味する。これら二つもまた、上で述べた差延の運動に他ならない。いわゆる空間（espace）と時間（temps）はこうした運動によって成り立ち、この運動を背後に隠している。

\*\*\*  **rétention / protention**（過去把持／未来把持）── フッサール現象学の用語。過ぎ去るものを現在のなかに引きとどめ、未だ来ないものを予期する、時間意識の働きのこと。

---

**考えてみよう！**

「現在」とは何だろう。「今」と言った瞬間に、その「今」は別の「今」に置き換わってしまう。では「現在」は本当に存在するのだろうか？

---

9    この **c'est** は，離れているが後方の que とセットで，c'est ~ que ... の強調構文をなす.
10    **est**「である」/ **à la fois**「同時に」/ **et**「と」は，いずれも現前性や同時性を表す表現であるため，差延が現前するものではないことを示唆するためにカッコに入れられている.

# 7. Emmanuel Levinas,

## *Autrement qu'être ou au-delà de l'essence* (1974)

> 『存在するとは別の仕方で、あるいは存在することの彼方へ』は、『全体性と無限』
> （1961）に続くレヴィナス第二の主著であり、その思索の頂点をなす作品といっても
> 過言ではない。独自の現象学思想を誇張法的に推し進めた本書では、他者との関係を
> いっさいの存在性の外に置こうとする野心的な試みが、破格の文体でもって記述され
> ている。内容は「梗概 L'Argument」・「論述 L'Exposition」・「別の仕方で言うなら
> Autrement Dit」の三部構成で、全六章分からなる。引用部は、「論述」内にある第三
> 章「感受性と近さ」から取られている。近さという新たな主体性の様式へと読者をい
> ざないつつ、現れることなく主体を蝕む他者としての「隣人」の先行性を説く。フッ
> サールやメルロ＝ポンティの現象学とは違う仕方で「接触」という現象にアプローチ
> している点でも興味深い。

**本文**

La proximité se décrit en tant qu'elle tend le sujet dans sa subjectivité même; rapport et terme de ce rapport. [...] Signification, l'un-pour-l'autre* – la proximité n'est pas une configuration se produisant dans l'âme. [...] Elle est contact d'Autrui. Etre en contact : ni investir autrui pour annuler son altérité, ni me supprimer dans l'autre. Dans le contact même, le touchant et le touché se séparent, comme si[1] le touché s'éloignant, toujours déjà autre, n'avait avec moi rien *de*[2] *commun*. [...]

Est-ce un τόδε τι**? Mais le τόδε τι même unique dans son genre, est serti dans son genre, fût-il[3] sans extension. Il apparaît encore selon ce que Husserl appelle « l'horizon*** vide d'inconnu et de connu », horizon*** a priori**** qui déjà restitue le τόδε τι à un ensemble, à une conjoncture ou à une corrélation (du moins à la corrélation qu'il forme avec le doigt qui le désigne). Le prochain comme *autre* ne se laisse précéder[4] d'aucun précurseur qui dépeindrait ou annoncerait[5] sa silhouette. Il n'apparaît pas. Quel signalement enverrait[6]-il au-devant de moi, qui ne le

---

1 **comme si +** 直説法半過去 「まるで〜であるかのように」.
2 rien や quelque chose のあとに形容詞がつく場合 **de** をつける．de のあとは男性単数.
3 **fût-il ~** 「たとえ彼／それ（男性名詞）が〜であっても」.
4 **se laisser +** 不定詞（他動詞）「〜される」「〜されるに任せる」. cf. 6-3.
5 **dépeindrait ou annoncerait** 仮定的事実を表す条件法. 先行詞 précurseur の存在が aucun によって打ち消され
　　ているため，現実の行為を示す直説法となっていない.
6 **enverrait** envoyer の条件法. 反語的疑問文での情意的用法.「隣人はいかなる特徴的信号を私の前に発すると
　　いうのか？（そのような信号を発することはないだろう）」.

dépouillerait[7] pas de son altérité exclusive? S'absolvant de[8] toute essence\*\*\*\*\*, de tout genre, de toute ressemblance, le prochain, *premier venu*, me concerne pour la première fois (fût-il vieille connaissance, vieil ami, vieil amour, impliqué depuis longtemps dans le tissu de mes relations sociales), dans une contingence excluant l'a priori\*\*\*\*. Ne venant confirmer aucun signalement à l'avance[9] délivré – en dehors de tout – a priori – le prochain me concerne par sa singularité exclusive sans *apparaître* ; même pas comme un τόδε τι. Sa singularité extrême, c'est précisément son assignation : il m'assigne avant que[10] je ne le désigne comme τόδε τι.

---

**用語**

\*     **l'un-pour-l'autre**（他者のための一者）— 本書のキーワード。意識や存在の秩序に先立って、代替不可能な責任を負ったものとして（そのような「意義 signification」となって）、他者のために＝代わりに選び出された一者であるような主体 (sujet) の構造を指す。

\*\*   **τόδε τι**（この或るもの／或るこのもの）— アリストテレスの用語。ギリシャ語。一般には、実体としての個物を指す。フッサールでは「ここにあるこのもの (Dies-da)」と訳され、その本質を通じて類と種に属する具体的現実存在と見なされる（『イデーンⅠ』）。

\*\*\*  **horizon**（地平）— 現象学用語。意識体験の背景をなす潜在的領野のこと。カッコ内の引用箇所は、フッサール『経験と判断』（第八節）の仏訳からである。

\*\*\*\* **a priori**（アプリオリ）— ラテン語で「先に」の意。「アポステリオリ（後に）」の対義語。主としてカント以降、経験から独立した認識や推論のありかたを示すのに用いられる。

\*\*\*\*\***essence**（存在すること［本質］）— ラテン語 essentia に由来する哲学上の基礎用語であるが、レヴィナスはこの語を、たんなる「存在者 (ens [étant])」から区別された「存在」として、（存在者が）「存在する (esse [être])」という活動そのものを表すのに使用する。

---

## 考えてみよう！

現代の日本でも増加の一途にある外国人労働者の存在を考えるうえで、レヴィナスの新しい「隣人（他者）」観はわれわれにどのような考え方を示唆しているでしょうか。

---

7   **dépouillerait**  仮定的事実を表す条件法. qui 以下の節の先行詞 « Quel signalement » が反語的に打ち消されているため，現実の行為を示す直説法となっていない.

8   **s'absoudre de ～**  「～から解放される」. ここでは現在分詞形となっている.

9   **à l'avance**  「前もって」.

10  **avant que je ne le désigne (...)**  「avant que ～（～する前に）」で始まる従属節は，「～しないうちに」という否定ないし不確定を含意するため，動詞には必ず接続法を用いるが（ここでの désigne は直説法ではない），このように「虚辞の ne」を添えることがある. ⇒ 小文 ③(1)(d) の一種, cf. 20-5.

# 8.

## Gilles Deleuze, Félix Guattari,

### *Qu'est-ce que la philosophie ?* (1991)

現代フランスの思想家であるジル・ドゥルーズと、精神分析家フェリックス・ガタリの最後の共著『哲学とは何か』は、その題名の通り、古代ギリシア以来連綿と続く哲学という人間の営みとははたして何であるのかと改めて問い直す。引用文において哲学は、概念を創造することを本領とする学問であるとされる。しかし、哲学が創造する概念とは、単に真新しいだけで重宝されるマーケティングや広告代理店が用いる意味でのコンセプトではない。哲学的概念はむしろ人々を不安にさせ、嫌悪感を催させるとともに、思考がそこから生まれ出る「猛り狂った無限運動と無限速度」へと人々を導き、あらたな思考を再開させる。ドゥルーズとガタリはここに、芸術と科学におけるそれとは異なる、哲学固有の創造性を見出そうと試みる。

♪9 本文

### Introduction : Ainsi donc la question...

Le philosophe est l'ami du concept, il est en puissance* de concept. C'est dire que la philosophie n'est pas un simple art de former, d'inventer ou de fabriquer des concepts, car les concepts ne sont pas nécessairement des formes, des trouvailles ou des produits. La philosophie, plus rigoureusement, est la discipline qui consiste à *créer* des concepts. L'ami serait l'ami de ses propres créations ? Ou bien est-ce l'acte du concept qui renvoie à la puissance de l'ami, dans l'unité du créateur et de son double ? Créer des concepts toujours nouveaux, c'est l'objet de la philosophie. C'est parce que[1] le concept doit être créé qu'il renvoie au philosophe comme à celui qui l'a en puissance, ou qui en[2] a la puissance et la compétence. On ne peut pas objecter que la création se dit plutôt du sensible et des arts, tant[3] l'art fait exister des entités spirituelles, et tant les concepts philosophiques sont aussi des « sensibilia** ». A dire vrai[4], les sciences, les arts, les philosophies sont également créateurs, bien qu'il revienne à la philosophie seule de créer des concepts au sens strict. Les concepts ne nous attendent pas tout faits[5], comme des corps célestes. Il n'y a pas de

---

1　**c'est parce que ~ que ...**　c'est ~ que の強調構文. parce que が強調されている.
2　**en**　du concept（« la puissance et la compétence » にかかる）を受ける中性代名詞. ⇒ 小文 ①(1) *M*106
3　**tant**　節の冒頭で原因を表す（文語的な表現）.
4　**à dire vrai**　「実を言うと」. à vrai dire とも言う. 本文中では, à は大文字のためアクサン・グラーヴが省略されている.
5　**faits** はここでは faire の過去分詞. 複数形なので les concepts にかかっている. また, 直前の tout はこの過去分詞を強調している.

18

ciel pour les concepts. Ils doivent être inventés, fabriqués ou plutôt créés, et ne seraient[6] rien sans la signature de ceux qui les créent. Nietzsche a déterminé la tâche de la philosophie quand il écrivit : « Les philosophes ne doivent plus se contenter d'accepter les concepts qu'on leur donne, pour seulement les nettoyer et les faire reluire, mais il faut qu'ils commencent par les fabriquer, les créer, les poser et persuader les hommes d'y recourir[7]. Jusqu'à présent, somme toute[8], chacun faisait confiance à ses concepts, comme à une dot miraculeuse venue de quelque monde également miraculeux », mais il faut remplacer la confiance par la méfiance, et c'est des concepts que le philosophe doit se méfier[9] le plus, tant qu'il ne les a pas lui-même créés [...].

---

**用語**

* **puissance**（潜勢態）── アリストテレス哲学におけるデュナミス（潜勢態）の仏語訳。引用文で頻出する acte（エネルゲイア、現勢態）と対をなす。大理石の塊は、さまざまに異なる無数の彫像となる可能性を潜勢的（可能的）に含んだ物質である。彫刻家の手によって切り出された彫像は、それら無数の可能性のうちひとつを個物として現実化（現勢化）したものである。引用文では、哲学者と概念の関係が、彫刻家と彫像のそれに並置されている。ただし、彫刻家（原因）が彫像（結果）を制作するのとは異なり、哲学者と哲学者が創造する概念は、潜勢的な統一状態にあると考えられている。

** **sensibilia**（センシビリア）── バートランド・ラッセル「感覚与件の物理学に対する関係」（1914）に由来する。センシビリアとは、感覚されている（senti）知覚対象から区別される、感覚されうる（sensible）知覚対象それ自体を意味する。ドゥルーズとガタリは、この発想をふまえ、芸術の目的は、鑑賞者の主観的な知覚や情動（変様の感情）に先立ち、それ自体として存在する被知覚態（percept）や変様態（affect）を引き出すことであると考えている。

---

**考えてみよう！**

作品を造形する芸術家の創造と、概念を生み出す哲学者の創造の違いを、現代アートで重視されるコンセプトと哲学的概念の違いから考えてみましょう。

---

6 **seraient** sans 以下が仮定条件となる条件法. ⇒ 小文 ②(2) *M*140
7 **recourir à ~** 「～に助けを求める，頼る」. この y は « aux concept » を指す.
8 **somme toute** 「結局のところ」
9 **se méfier de ~** 「～を警戒する」. des concepts が強調構文によって強調されている.

## 多様なスタイルから自然科学への対応へ〜 18世紀、19世紀フランス思想の展開

　1715年、ルイ14世と同じ年に、端正にして明快な記述で美しい形而上学を展開したマルブランシュも世を去り、「啓蒙」と呼ばれる時代を人々は迎える。この時代の哲学者たちは、明晰でテンポの良い文章で人間の様々な姿を描き出し、また、政治体制などに極まる人間の不実さを告発する。彼らの文章は、もちろん理論的な形をとることもあるが、ある時は時事論評の形をとり、ある時は小説またある時は自伝という形をとる。**扱う対象に応じて柔軟なスタイルを取る**点が彼らの魅力であろう。

　こうした姿勢は、啓蒙の哲学者たちの父親代わりといっても良いヴォルテールに既に見られる。彼は伝統的な歴史記述のみならず、様々な哲学的コントを執筆し、また、『哲学書簡』では、イギリスの習俗や制度を賞賛し、返す刀で自身の国フランスを批判する。

　こうした多様なスタイルは、本書で取り上げているディドロやルソーに極まる。『百科全書』を編集するなど多才なディドロは、才気に満ちた文章で様々な対象を斬りに斬っていく。彼は、当時の科学的知識や認識論に関する才気煥発な著作を執筆するのみならず、人間の不実や社会の暗黒面を軽妙に、そして鋭く描きだす『修道女』、『運命論者ジャックとその主人』などの小説も執筆し、さらには絵画評論をも行う（この教科書には「1763年のサロン」を収める）。他方、ディドロのライバルとも言えるルソーは、この教科書に収めた『社会契約論』のような政治的著作のみならず、『エミール』のような教育論、あるいは『新エロイーズ』のごとき小説までも執筆する。また、「真実である」と言いつつ、書かれたことのどこまでが真実であるのか、読者を次第に混乱へと導いていく諸々の自伝的著作も、極めて18世紀的なものといえるだろう。平易とまでは言わぬが、比較的日常的な語彙を用いてリズムよく自身の思考を展開していくディドロやルソーのフランス語は、この言語の散文の魅力を示している。

　こうした多面的な、現代の「哲学」がカバーする領域よりははるかに**広いジャンルにわたる18世紀の諸著作**に対して、**19世紀の哲学的著作は、一段と進んでいく諸自然科学に対する態度によって規定される**といえるだろう。本書で取り上げ

ているメーヌ・ド・ビランとオーギュスト・コントが、そうした傾向の対称的な二つのあり方を示している。

　ビランは科学的認識を形成する働きの根底に精神の力動性を見出し、それ自体としては自然科学によっては説明できないとするこの力動性が働く論理を繊細な筆致で詳らかにしようとする。こうした志向は、後にスピリチュアリスムと呼ばれる流れに繋がっていく。他方コントは、政治的認識、道徳的認識も、自然科学的認識の進歩の延長線上に位置づけられるべきだとする。ただし、これは単なる還元主義ではない。数学から天文学、物理学、化学と、次第に複雑な領域を科学的認識の対象とするようになる人類は、様々な手法を身につけ、ついには生物学を経ることで、複雑さを増す社会の理法を認識するに至るとするのがコントの発想だ。うねるが如き長文で、一見決して読みやすいとは言えないコントの文章だが、その根底には常に、諸現象をその独自性を尊重しつつ、単純ではないが一貫した論理で捉えようとするパトスが働いている。いずれにせよ、**この二人の文章や発想を比べてみると、19世紀冒頭の哲学のあり方が良く見えてくる**だろう。なお、ビラン的な発想、コント的な発想は、それぞれその配分を少しずつ違えつつ、本書に収められたクルノーに見ることができる。

　ところで、ビランにせよコントにせよ在野の哲学者であったが、**19世紀初頭は、哲学教育が制度化される時代**でもあった。もともと革命期に整備された哲学教育は、カトリックにとって代わる道徳の基礎付けを果たすものとされ、七月王政以降、公教育において大きな役割を果たすこととなり、この枠組みの中で育てられた教師たちが、フランスにおいて現在まで繋がる哲学史研究の礎を築くこととなる。この流れは、第二帝政下での教科としての「哲学」の廃止にもかかわらず、ラシュリエやラニョー（アランの師として著名）といった人物によって引き継がれ、ベルクソン、ブランシュヴィック、アランといった1860年ごろから1870年ごろにかけて生まれた世代が、第三共和政における哲学の特権的な地位を強めていく。実証科学に対してより精密な態度をとる彼らの哲学は興味深いものだ。その魅力の一端は、第一部に収められたベルクソンやポアンカレのテキストで確認してほしい。

# 9. Denis Diderot,
## *Salon de 1763* (1763)

> フランス王立絵画・彫刻アカデミーが、ルーヴル宮の「方形の間<ruby>サロン・カレ</ruby>」を会場として定期的に開催していた展覧会を「サロン」と称する。ディドロは9回分のこの展覧会の批評文を『文芸通信』誌上に寄稿した（1759-1781年）。その文章は後世の美術批評ならびに美学思想に多大な影響を与えた。ここに掲げた「1763年のサロン」のシャルダン論の一部は、大部な彼のサロン評全体のなかでも、もっとも有名な一節のひとつ。歴史画や宗教画を重視するアカデミーの伝統にとらわれないディドロの絵画観がよく表れた生き生きとした文章である。右ページ図1、図2の作品が順に論じられる。

 本文

## CHARDIN[1]

C'est celui-ci[2] qui est un peintre, c'est celui-ci qui est un coloriste.

Il y a au Salon plusieurs petits tableaux de Chardin ; ils représentent presque tous des fruits avec les accessoires d'un repas. C'est la nature même. Les objets sont hors de la toile et d'une vérité à tromper les yeux.

Celui qu'on voit en montant l'escalier[3], mérite surtout l'attention. L'artiste a placé sur une table, un vase de vieille porcelaine de la Chine, deux biscuits, un bocal rempli d'olives, une corbeille de fruits, deux verres à moitié pleins de vin, une bigarade, avec un pâté.

Pour regarder les tableaux des autres, il semble que j'aie besoin de me faire des yeux[4] ; pour voir ceux de Chardin, je n'ai qu'à garder les yeux que la nature m'a donnés, et m'en bien servir[5].

Si je destinais mon enfant à la peinture, voilà le tableau que j'achèterais. Copie-moi[6] cela, lui dirais-je, copie-moi cela encore. Mais peut-être la nature n'est-elle pas plus difficile à copier.

C'est que ce vase de porcelaine est de la porcelaine ; c'est que ces olives sont réellement séparées de l'œil par l'eau dans laquelle elles nagent ; c'est qu'il n'y a qu'à[7] prendre ces biscuits et les manger ; cette bigarade, l'ouvrir et la presser[8] ; ce verre de vin, et le boire ; ces fruits, et les peler ; ce pâté, et y mettre le couteau.

---

1   **Jean Siméon Chardin** (1699-1779)　フランス18世紀で最重要の画家のひとり. 静物画, 風俗画によって知られる.

2   **celui-ci**　「この男」. シャルダンのこと.

3   **l'escalier**　展示会場に至るためのルーヴル宮の階段.

4   **se faire des yeux**　「しっかりと見る」.

5   **se servir de ~**　「~を使う, 利用する」.

6   この **moi** は pour moi の代用. ex. Dessine-*moi* un mouton. (Saint-Exupéry, *Le Petit Prince*)（ぼくにヒツジを描いてください.）

7   **il n'y a qu'à** + 不定詞　「~しさえすればよい」.

8   **l'ouvrir et la presser**　省略せずに書けば, cette bigarade, *il n'y a qu'à* l'ouvrir et *qu'à* la presser となる. 同様に, le boire は *il n'y a qu'à* le boire となる.

C'est celui-ci qui entend l'harmonie des couleurs et ses reflets. Ô Chardin, ce n'est pas du blanc, du rouge, du noir que tu broies sur ta palette ; c'est la substance même des objets, c'est l'air et la lumière que tu prends à la pointe de ton pinceau, et que tu attaches sur la toile[9].

Après que mon enfant aurait copié[10] et recopié ce morceau, je l'occuperais sur la *Raie dépouillée* du même maître. L'objet est dégoûtant ; mais c'est la chair même du poisson. C'est la peau. C'est son sang* ; l'aspect même de la chose n'affecterait[11] pas autrement. Monsieur Pierre**, regardez bien ce morceau, quand vous irez à l'Académie, et apprenez, si vous pouvez, le secret de sauver[12] par le talent le dégoût de certaines natures.

第2部

図1：シャルダン「オリーヴを詰めた瓶」1760、
ルーヴル美術館

図2：シャルダン「皮を剥がれたエイ」1728、
ルーヴル美術館

**用語**

* **son sang** ― このおぞましい赤エイと、さまざまな殉教者や十字架上のキリストといった、この上なく崇高な情景との近接性が、研究者によって指摘されている。
** **Pierre** ― ジャン＝バティスト・ピエール（Jean-Baptiste Pierre）のこと。ディドロは「1761年のサロン」で、彼の《キリスト降架》と《洗者ヨハネの斬首》をこきおろしている。

**考えてみよう！**
ディドロは文中で、シャルダンの作品が「自然」（nature）を忠実に写し取っていることを賞賛しているが、では、絵画の価値は模倣の完全さによって決まるのだろうか。絵画と模倣（ミメーシス）の関係について調べ、考えてみよう。

---

9　**Ô Chardin, ~ la toile.**　ディドロは同年のサロンに出展されたデエ（Jean-Baptiste Deshays）「ヨセフの貞潔」への批評文中で、「音楽家が音そのものを送り届けるのに対して、画家がパレットの上で押しつぶすのは肉、血、羊毛、太陽光、大気ではなく、土、植物の液、炭化した骨、粉末状の石、金属石灰にすぎない」と述べ、絵画が逃れえない宿命的な虚構性（「自然」との乖離）を指摘している。この点からすれば、ディドロのシャルダンへの評価が、彼の根本的な絵画観をも覆すほど例外的なものであることがわかる。
10　**aurait copié**　主節の動詞occuperais（条件法現在）に先行する事態なので、条件法過去が用いられている。
11　**affecterait**　条件法。主語 « l'aspect même de la chose » に仮定条件が含まれる（「実物を見たとしても」）。⇒ 小文 ②(2) *M*154, cf. 2-11, 15-5.
12　ここでの **sauver** は「覆い隠す」「緩和する」の意。

**23**

# 10. Etienne Bonnot de Condillac,
## *Essai sur l'origine des connaissances humaines* (1746)

> 　彼の代表作、『人間認識起源論』のテキストである。ここでは、先天的な盲人が視覚を得た場合どのように幾何学的図形の観念を得るかという問題が論じられている（これは、先天的に目の見えない人が最初に目が見えたときに立体をそれと把握できるか、という「モリヌークス氏問題」と関連する）。シンプルにして明瞭なフランス語によるコンディヤックの思考実験を楽しんでほしい。

♪11 　**本文**

§. 14. Examinons à notre tour ce qui arriverait à un aveugle-né, à qui on donnerait le sens de la vue[1].

　Cet aveugle s'est formé des idées de l'étendue, des grandeurs etc., en réfléchissant sur les différentes sensations qu'il éprouve, quand il touche des corps. Il prend un bâton dont il sent que toutes les parties ont une même détermination ; voilà d'où il tire l'idée d'une ligne droite. Il en[2] touche un autre, dont les parties ont différentes déterminations, en sorte que si elles étaient continuées, elles aboutiraient à différents points[3] ; voilà d'où il tire l'idée d'une ligne courbe. De là il passe à celles d'angle, de cube, de globe et de toutes sortes de figures[4]. Telle est l'origine des idées qu'il a sur l'étendue[5]. Mais il ne faut pas croire qu'au moment qu'il ouvre les yeux, il jouisse[6] déjà du spectacle que produit dans toute la nature ce mélange admirable de lumière et de couleur. C'est un trésor qui est renfermé dans les nouvelles sensations qu'il éprouve ; la réflexion peut seule le lui découvrir et lui en donner la vraie jouissance. Lorsque nous fixons nous-mêmes les yeux sur un tableau fort composé, que[7] nous le voyons tout entier, nous ne nous en[8] formons

---

1　**arriverait, donnerait** といずれも条件法である．仮に aveugle-né に視覚を「与えた」としたら，何が「起こるか」という仮定に基づく推測のニュアンスを持つ．cf. 11-8.

2　中性代名詞の **en**．ここでは bâton を受けている．⇒ 小文 ①(1) *M*195

3　「si + 半過去，条件法」で反実仮想．ここでは実質的に，「仮にこの棒の接線を延長していくなら，それぞれの部分の接線は異なった点に達するだろう」．⇒ 小文 ②(1) *M*284

4　ここまでの **de** はすべて celles (= idées) に係る．

5　「**l'origine des idées** はこうしたもの (telle) である」という倒置形の構文．英語の such is the case のような言いまわしと比べてみること．

6　**jouisse**　動詞 croire に導かれた従属節中の動詞であるが，実質的に「信じてはならない」と否定の内容になっているので，接続法となっている（直説法であれば，jouit）．⇒ 小文 ③(1)(a)

7　**que**　文頭の Lorsque と同格で，やはり lorsque を意味する．cf. 2-10, 3-4.

8　**en** = de ce tableau fort composé. 次の文中の en も同様．⇒ 小文 ①(1) *M*106

encore aucune idée déterminée. Pour le voir comme il faut, nous sommes obligés d'en considérer toutes les parties les unes après les autres[9]. Quel tableau, que l'univers, à des yeux qui s'ouvrent à la lumière pour la première fois !

Je passe au moment où cet homme est en état de réfléchir sur ce qui lui frappe la vue. Certainement tout n'est pas devant lui comme un point. Il aperçoit donc une étendue en longueur, largeur et profondeur. Qu'il analyse* cette étendue[10], il se fera les idées de surface, de ligne, de point et de toutes sortes de figures : idées qui seront semblables à celles qu'il a acquises par le toucher ; car, de quelque sens que l'étendue vienne à notre connaissance[11], elle ne peut être représentée de deux manières différentes. Que je voie ou que je touche un cercle et une règle, l'idée de l'un ne peut jamais offrir qu'une ligne courbe, et celle de l'autre qu'une ligne droite[12]. Cet aveugle-né distinguera donc à la vue le globe du cube, puisqu'il y[13] reconnaîtra les mêmes idées qu'il s'en était faites par le toucher[14].

**用語**

\* **analyse** — ここでは動詞だが、名詞の « analyse »「分析」は、コンディヤックの理念であった。理解するとは、その対象を最小の構成要素まで分析しつくすことだ、という発想が彼の思想の根幹にある。この理念は、全学問の最小構成要素を見出そうとする、フランス革命期のイデオロギーに引き継がれた。なお、« analyse » には他に「解析」といった意味もあるので注意したい。

**考えてみよう！**

ここでは視覚と触覚に共通する観念が論じられているが、聴覚と視覚に共通する観念はどんなものがあるだろうか。あるいは聴覚と触覚に共通する観念はどんなものがあるだろうか。そうした観念の獲得のプロセスを、コンディヤックのスタイルを真似しながら分析してみよう。

---

9　**les unes après les autres**　「« toutes les parties »について次々と」. cf. 15-16.
10　**Qu'il ~ étendue**　Que で始まる独立節は接続法をとり、「願望・命令」を意味するが，ここでは願望に基づく仮定.
11　**de quelque sens que l'étendue vienne à notre connaissance**　quelque A que 節で譲歩を表す．こうした構文では，動詞は接続法をとる（vienne は接続法）．⇒ 小文 ③(1)(d) M3, cf. 14-8, 19-5.
12　**celle de l'autre que**　前の節と対句になっており，l'autre と que との間に，« ne peut jamais offrir » が隠れている．
13　**y** がここで指すのは，視覚によって得られた感覚のこと．
14　**qu'il s'en était faites par le toucher**　触覚によって「既に形成していた」ことがポイントなので，大過去となることに注意．またこの関係節の先行詞が idées であるので，これに呼応して faites となっている．

# 11.

## Jean-Jacques Rousseau,
### *Du Contrat social* (1762)

『社会契約論』第一編第六章「社会契約について Du pacte social」からの抜粋である。冒頭の「これらの条項 Ces clauses」とは、契約に関する次のような条項のことである。「共通の力をあらんかぎり用いて、各構成員の財と生命を守り保護し、それによって各人は全員と結びつきつつも、しかしながら自分自身にしか従わず、以前と同じように自由であり続ける、そのような結合の形態 une forme d'association を見出すこと」。

**本文**

Ces clauses, bien entendues, se réduisent toutes à une seule, savoir, l'aliénation* totale de chaque associé[1] avec tous ses droits à toute[2] la communauté : car, premièrement, chacun se donnant tout entier, la condition est égale pour tous ; et la condition étant égale pour tous, nul n'a intérêt de[3] la rendre onéreuse aux autres.

De plus, l'aliénation se faisant sans réserve, l'union est aussi parfaite qu'elle peut l[4]'être, et nul associé n'a plus rien[5] à réclamer : car, s'il restait quelques droits aux particuliers, comme il n'y aurait aucun supérieur commun qui pût[6] prononcer entre eux et le public, chacun, étant en quelque point son propre juge, prétendrait bientôt[7] l'être en tous ; l'état de nature** subsisterait[8], et l'association deviendrait nécessairement tyrannique ou vaine.

Enfin, chacun se donnant à tous ne se donne à personne[9] ; et comme il n'y a pas un associé sur lequel on n'acquière le même droit qu'on lui cède sur soi, on gagne l'équivalent de tout ce qu'on perd, et plus de force pour conserver ce qu'on a.

---

1　**associé**　過去分詞が名詞化したもの．すなわち associer されている者．cf. 21-3.
2　**toute** は形容詞．tout le livre, tous les livres, toute la maison, toutes les maisons となる．続く文の tout entier は副詞，tous（全員）は名詞である．品詞の違いや用法を辞書で確認しよう．
3　**avoir intérêt de ~**　「～するのが得策である」．今日では avoir intérêt à が普通．
4　**le**　形容詞を受ける中性代名詞．
5　**rien**　否定または否定的ニュアンスを含む語の後に用いられるとき，rien そのものは「事柄，何か」という意味になることが多い．ex. Je n'ai plus le temps de vous rien dire.
6　**pût** は pouvoir の接続法半過去．先行詞が否定・疑惑・疑問・条件を表す節の語を限定する場合，接続法をとる．ex. Il y a peu d'hommes qui sachent véritablement aimer.　⇒ 小文 ③(1)(c) *M*70
7　**bientôt**　やや古い意味で「直ちに」．
8　**subsisterait**　この文章自体がある種の思考実験であるので，前文に仮定条件が含まれるとも，推測とも読める．cf. 10-1.
9　**ne ~ à personne**　否定表現の ne ~ personne は，personne を名詞的に用いることができる．ここでは donner à ~ の目的語になっている．cf. 15-7.

Si donc on écarte du pacte social ce qui n'est pas de son essence, on trouvera qu'il se réduit aux termes suivants : « Chacun de nous met en commun sa personne[10] et toute sa puissance sous la suprême direction de la volonté générale\*\*\*; et nous recevons en corps chaque membre[11] comme partie indivisible du tout ».

A l'instant, au lieu de la personne particulière de chaque contractant[12], cet acte d'association produit un corps moral et collectif, composé d'autant de membres que l'assemblée a de voix, lequel reçoit de ce même acte son unité, son *moi* commun, sa vie et sa volonté.

第2部

### 用語

\* **aliénation**（譲渡）— aliéner（外化する）の名詞で、自分が持っているものを外に出すこと。この場合、共同体の各人が、本来は自分のものである諸権利を、成員全体に対して互いに譲り渡すことなので、譲渡と訳す。ネガティブな意味が強い場合は、「疎外」と訳す。

\*\* **état de nature**（自然状態）—『人間不平等起源論』*Discours sur l'origine et les fondements de l'inégalité parmi les hommes* の中でルソーは、人類が社会を営む前段階において、自己の本性のままに振舞っている「自然状態」を想定した。

\*\*\* **volonté générale**（一般意志）— 個人の意志である volonté particulière（個別意志）に対して、一般意志は、成員全体の意志であり「常に正しく常に公の利益を目指す」。これとは別に volonté de tous という語が第二編第三章に登場し、「全体意志」と訳されている。

### 考えてみよう！

社会契約論はルソーの専売特許ではない。ホッブズやロールズの契約論と比べてみよう。またルソーの社会契約論は、民主主義のマニフェストと呼ばれる一方、全体主義の祖と言われることもある。民主主義の危機と言われる現況に即して考えてみよう。

---

10 **personne** 訳しにくいが，ここでは「生命」「人格」という意味．

11 **corps** と **membre** は対義語．corps が体全体であるのに対し，membre はそれを構成する四肢．したがってこの場合，corps は政治体で membre は構成員である．

12 **contractant** 現在分詞が名詞化したもの．すなわち contracter している者．

# 12. Condorcet,

## *Sur l'admission des femmes au droit de cité* (1790)

> フランス革命の進展する 1790 年に『1789 年協会誌』（Journal de la société de 1789）第五号にコンドルセが寄稿した「女性の市民権の承認について」という小論。女性の参政権を論じた内容としては早い時期のものとして知られる。この文章においてコンドルセは、女性に政治的な権利を与えようとしない人々が、無意識の偏見から男性と女性とで違う基準を用いていることを明快に指摘している。また、参政権を論じる際、自然権（les droits naturels）や市民権（droits de cité）という概念がどのように用いられるのかを理解する上でも興味深い文章である。

🎵 13  本文

　Pour que cette exclusion ne fût pas un acte de tyrannie, il faudrait[1] ou[2] prouver que les droits naturels\* des femmes ne sont pas absolument les mêmes que ceux des hommes, ou montrer qu'elles ne sont pas capables de les exercer.

　Or, les droits des hommes\*\* résultent uniquement de ce qu'ils sont des êtres sensibles, susceptibles d'acquérir des idées morales, et de raisonner sur ces idées. Ainsi les femmes ayant ces mêmes qualités, ont nécessairement des droits égaux. Ou aucun individu de l'espèce humaine n'a de véritables droits, ou tous ont les mêmes ; et celui qui vote contre le droit d'un autre, quels que[3] soient sa religion, sa couleur ou son sexe, a dès lors[4] abjuré les siens.

　Il serait difficile de prouver que les femmes sont incapables d'exercer les droits de cité\*\*\*. Pourquoi des êtres exposés à des grossesses, et à des indispositions passagères, ne pourraient-ils exercer des droits dont on n'a jamais imaginé de priver les gens qui ont la goutte tous les hivers, et qui s'enrhument aisément ? En admettant dans les hommes une supériorité d'esprit qui ne soit pas la suite nécessaire de la différence d'éducation (ce[5] qui n'est rien moins que[6] prouvé, et ce

---

1　**faudrait**　« Pour que » の節が事実に反することを仮想しているので，条件法となる．
2　**ou A, ou B**　「A かあるいは B か」．
3　**quels que S ＋接続法**　「S がどのようであっても」．⇒ 小文 ③(1)(d) *M3*
4　**dès lors**　「したがって」．　dès lors que ＋直説法だと「～だから」の意．
5　前の内容を代名詞 ce で受けて，これを続く関係代名詞 qui で説明していく．よく用いる構文なので使えるようにしよう．
6　**ne ... rien moins que ~**　（やや古）「少しも～ない」．ex. Il n'est rien moins que riche. ne ~ rien de moins que だと「まさに～だ」．

qui devrait[7] l'être, pour pouvoir, sans injustice, priver les femmes d'un droit naturel), cette supériorité ne peut consister qu'en deux points. On dit qu'aucune femme n'a fait de découverte importante dans les sciences, n'a donné de preuves de génie dans les arts, dans les lettres, etc. ; mais, sans doute, on ne prétendra point n'accorder le droit de cité qu'aux[8] seuls hommes de génie. On ajoute qu'aucune femme n'a la même étendue de connaissances, la même force de raison que certains hommes ; mais qu'en résulte-t-il, qu'excepté une classe peu nombreuse d'hommes très éclairés, l'égalité est entière entre les femmes et le reste des hommes ; que cette petite classe mise à part[9], l'infériorité et la supériorité se partagent également entre les deux sexes. Or, puisqu'il serait complètement absurde de borner à cette classe supérieure le droit de cité, et la capacité d'être chargé de fonctions publiques, pourquoi en exclurait-on les femmes, plutôt que ceux des hommes qui sont inférieurs à un grand nombre de femmes ?

### 用語

* **droits naturels**（自然権）— 全ての人間が持つ普遍的な権利とみなされている。
** **droits des hommes**（人間の諸権利（人権））— homme は「男性」と「人間」の両方を意味する言葉であるが、コンドルセはここでは「人間」の意味で使っている。通常は droits de l'homme と書かれることが多いが、近年はジェンダー平等の意識が高まったため、droits humains の語を推奨する動きもある。
*** **droits de cité**（市民権）— もとは中世都市の構成員に与えられた政治的な特権のことであったが、近代に入ると国民国家の構成員としての政治参加や発言の権利を意味するようになった。今日では droits de citoyens などの表現がより一般的である。

### 考えてみよう！

同じ頃、オランプ・ドゥ・グージュ（1748-1793）が女権宣言（Déclaration des droits de la femme et de la citoyenne, 1791）を著した。これは、人権宣言（Déclaration des droits de l'homme et du citoyen, 1789）が男性（homme）のことしか視野に入れてないことを批判した一種のパロディであった。この「女権宣言」と「人権宣言」双方をネットで探して比較し、違いを確認してみよう。

---

7  **devrait**　pour 以下は，コンドルセにとっては事実に反することを想定しているので条件法をとる．次の le は prouvé を受ける中性代名詞．
8  **on ~ aux ...**　ne ~ que の構文と accorder A à B が合わさっている．
9  **~ mis à part**　「~を別にすれば」．名詞の後ろに置かれる場合は性数一致する．

29

# 13.

## Maine de Biran,

*Essai sur les fondements de la psychologie* (1812)

メーヌ・ド・ビラン（1766〜1824）は、身体を動かす、という経験を「私」の根幹にあると考え、またこれが人間の知的理解の枠組みを構成するとした。ここでは、漠然とした身体感覚が経験の進展につれて細分化されていくとはどのようなことかが、細密に記述されている。哲学の文章としてはやや異色かもしれないが、人間の日常的経験の緻密な分析として、優れたものと言えよう。

【14】 本文

Si l'on consulte en effet uniquement le sens musculaire de l'effort et de la résistance* et qu'on[1] abstraie autant que possible de son exercice actuel tout ce qui peut se rapporter à la vue et au toucher, en un mot, à la representation objective, on trouvera dans cette continuité de *résistance*, non plus étrangère et absolue, mais propre et immédiatement relative à l'effort voulu, le type simple et original d'une sorte d'étendue qui, pour ne pouvoir se représenter sous aucune image[2], n'en a que mieux[3] toute la réalité d'un fait primitif**, réalité aussi certaine que celle de notre existence dont[4] elle est inséparable. Comme l'espace dans lequel s'exerce notre locomotion extérieure est le lieu des intuitions objectives, [...] cette étendue intérieure du corps objet de l'aperception immédiate[5]*** dont le moi se *distingue* sans pouvoir jamais s'en séparer[6] est le *lieu* de toutes les impressions internes qui ne peuvent être perçues ou senties par le *moi* que sous cette forme locale [...].

En considérant toutes les parties locomobiles du corps comme réunies en une seule masse, soumises à l'impulsion d'une même force vivante, ou d'une seule et même volonté[7], le sujet de l'effort actuel, qui se distingue de ce composé qui résiste par son inertie et obéit à la puissance motrice, aura l'aperception de ce continu résistant****, c'est-à-dire d'une étendue intérieure, mais encore sans limites ni distinctions de parties. Or, comme les sensations du dehors ne se localisent ou ne se

---

1 **qu'on** の « que » は，先行する si の繰り返しを避けている．cf. 2-10, 10-7.

2 **pour + 不定詞**で，譲歩・対立を意味する場合がある．ex. Pour être riche, il est modeste.

3 **ne ... que mieux ~** 「よりよく…する」．全体として，直前の pour の句と呼応している．「pour 以下ではあるが，それだけよく…する」．

4 代名詞を補えば，elle [=cette continuité de *résistance*] は inspéparable de notre existence であり，**dont** は « de notre existence » である．⇒ 小文 ①(2) M462

5 **corps** と **objet** の間に [，] はないが，étendue と objet を同格で読むべきだろう．

6 **dont le moi ~ s'en séparer** この箇所を，dont の先行詞，ならびに en の指示語を含めて書き直すと le moi se distingue de cette aperception immédiate sans pouvoir jamais se séparer de cette aperception となり，自我と内的統覚の分離ができないことを言っている．⇒ 小文 ①(2) M254, ①(1) M357

7 **soumises** 以下は，« toutes les parties locomobiles » に係っている．

mettent à leurs justes distances respectives dans l'espace extérieur, qu'autant que[8] cet espace a été limité et mesuré par le sens du toucher, ou par nos mouvements successifs et répétés, de même[9], pour que les impressions puissent être localisées dans les différentes parties de l'espace intérieur du corps propre, il faut que les parties aient été distinguées, ou mises pour ainsi dire les unes hors des autres, par l'exercice répété de leur sens propre et immédiat.[10] Mais le système général musculaire se trouve naturellement divisé en plusieurs systèmes partiels qui offrent autant de termes[11] distincts à la même volonté motrice. Plus ces points de division se multiplient, plus l'aperception immédiate interne s'éclaire et se distingue, plus l'individualité, ou l'unité du sujet permanent de l'effort se manifeste par son opposition même avec la pluralité et la variété des termes mobiles.

**第2部**

**用語**

* **le sens musculaire de l'effort et de la résistance**（努力と抵抗との筋肉感官）— メーヌ・ド・ビランは内的に感じられる身体運動を人間的経験の中心に据える。ビランによれば、私たちが身体を動かす時には努力と身体の抵抗感とが切り離されることなく同時に感知される。これを感じ取るのが « le sens musculaire » であり、これはまた « le sens intérieur »（内的感官）とも呼ばれる。
** **un fait primitif**（根源的事実）— メーヌ・ド・ビラン哲学のキー概念。ビランは、自我が意志的に身体を動かし、その際に自我と抵抗とを同時に感知することを、「私」の最も原初的な経験であると考え、これを「根源的事実」と呼ぶ。
*** **l'aperception immédiate**（直接的統覚）— 自我が上で述べた「根源的事実」において、自身を自我として捉えることを言う。いかなる媒介もなしに直接に自我が感知されている、というのがポイント。あらゆる人間的経験はこの「直接的統覚」と結びつくことで、人間的経験となっている。
**** **ce continu résistant**（抵抗する連続体）— 身体全体の一体としての抵抗感覚と考えてよい。私たちは経験が進展するにつれて、全体としての抵抗感覚を細分化し、それによって複雑かつ繊細な運動ができるようになる。

## 考えてみよう！

この文章の最後でメーヌ・ド・ビランが語っているような事態が具体的にどのようなものであるか、あなた自身の経験から考えてみよう。

---

8　**ne A qu'autant que B**　「AするのはBする限りである」. ne ~ que と autant que が組み合わさっている. cf. 21-1.
9　**comme ~ de même**　この文章冒頭の comme と呼応しており，「comme 以下であるのと同様に，(de même) 以下のような事態となっている」ととる.
10　**pour que + A ( 接続法 ), il faut que B ( 接続法 )** となっており，「Aであるためには，Bである必要がある」. ここで « il faut que » 以下が接続法過去 « aient été distinguées » となっているのは，「Aであるためには，予め既にBであった必要がある」からである. ⇒ 小文 ③(1)(d)
11　**autant**　それぞれに système に対応した terme があるため，autant が用いられていることに注意したい.

# 14. Auguste Comte,

## *Discours sur l'esprit positif* (1844)

> オーギュスト・コント（1798～1857）は実証哲学の創始者で、フランス科学哲学の源流の一人。本文は実証哲学の概要を示した『実証的精神論』（1844年）から抜粋したものである。本文より前の箇所では実証的段階の知識と神学的段階や形而上学的段階の知識の違いが説明される。本文では実証哲学がたんなる事実の寄せ集めとどのように異なるかが説明され、それを受けて実証的法則の目的が示されている。

🎵 15　本文

### Destination des lois positives : *Prévision rationnelle*

Depuis que la subordination constante de l'imagination à l'observation a été unanimement reconnue comme la première condition fondamentale de toute saine spéculation scientifique\*, une vicieuse interprétation a souvent conduit à abuser[1] beaucoup de ce grand principe logique, pour faire dégénérer la science réelle en[2] une sorte de stérile accumulation de faits incohérents, qui ne pourrait[3] offrir d'autre mérite essentiel que[4] celui de l'exactitude partielle. Il importe donc de bien sentir que le véritable esprit positif n'est pas moins éloigné, au fond, de l'empirisme que[5] du mysticisme\*\* ; c'est entre ces deux aberrations, également funestes, qu'il doit toujours cheminer [...]. C'est dans les lois des phénomènes que[6] consiste réellement la science, à laquelle[7] les faits proprement dits, quelque exacts et nombreux qu'ils puissent être[8], ne fournissent jamais que[9] d'indispensables matériaux. Or, en considérant la destination constante de ces lois, on peut dire, sans aucune exagération, que la véritable science, bien loin d'être formée de simples observations, tend toujours à dispenser, autant que possible, de l'exploration directe, en y substituant[10] cette prévision rationnelle, qui constitue, à tous égards, le

---

1　**abuser de ~**　「～を濫用する，悪用する」.

2　**A dégénérer en B**　「AがBに堕する」．ここでは使役動詞 faire と組み合わされて用いられているので，« la science réelle » が dégénérer の意味上の主語である．

3　**pourrait**　条件法．ここでは語気緩和のために用いられている．

4　**ne ~ (pas) d'autre A que B**　「BよりほかにAを～しない」.

5　**ne ~ pas moins A que B**　「Bに劣らずAも～である」. cf. 6-4.

6　**C'est ... que** で強調構文. consister dans~ の dans~ を強調. consiste の主語は長いので倒置されている．

7　**à laquelle** の先行詞は la science で，関係代名詞節のなかでは fournir A à B の下線部の間接目的語を構成.

8　**quelque + 形容詞 + que + 接続法**　「どれほど…であろうと」. ⇒ 小文 ③(1)(d) *M*3, cf. 10-11, 19-5.

9　**ne ~ jamais que ...**　「（結局）…するにすぎない」. cf. 2-3.

10　**en y substituant ...** はジェロンディフ. substituer A à B で「Bの代わりにAをおく」. y = à l'exploration directe で，動詞 substituer の間接目的語.

principal caractère de l'esprit positif [...]. Une telle prévision, suite[11] nécessaire des relations constantes découvertes entre les phénomènes, ne permettra jamais de confondre la *science* réelle avec cette vaine *érudition* qui accumule machinalement des faits sans aspirer à les déduire les uns des autres. Ce grand attribut de toutes nos saines spéculations n'importe pas moins à leur utilité effective qu'à leur propre dignité ; car, l'exploration directe des phénomènes accomplis ne pourrait[12] suffire à nous permettre d'en[13] modifier l'accomplissement, si elle ne nous conduisait pas à le prévoir convenablement. Ainsi, le véritable esprit positif consiste surtout à voir pour prévoir***, à[14] étudier ce qui est afin d'en[15] conclure ce qui sera[16], d'après le dogme général de l'invariabilité des lois naturelles.

### 用語

* **scientifique**（科学的）── コントの実証哲学では「実証的（positif）」と同じ意味であり、「神学的」や「形而上学的」と対比的に用いられる。人間の知識は神学的、形而上学的、実証的という段階を経て発展するということが実証哲学の根本法則の一つになっている（三段階の法則）。

** **mysticisme**（神秘主義）── 想像力が観察に基づかずに自由に理論を立てる神学的段階や形而上学的段階を指す。

*** **à voir pour prévoir**（予見するために見る）── 実証主義の一つのスローガンで、このあとに「行動するために予見する」という語が続けられることもある。本文でutilitéが重視されるのは「行動のため」という観点が入っているとも考えられる。

## 考えてみよう！

コントは科学技術の発展が知識の統一を生み、それが社会を安定させると考えていました。コントの考えは現在のフランスにも影響を与えて、技術官僚が大きな力をもっています。フランスの原子力発電所が多いのは技術官僚の影響があると言われています。あなたはすべての政策を技術官僚に任せることには賛成ですか、反対ですか。

---

11　**suite** は名詞で，« Une telle prévision » と同格なので無冠詞になる．cf. 1-12.

12　**pourrait** は条件法現在で，後続する si + 直説法半過去の反実的仮定を受けた推測を表している．⇒ 小文 ②(1) *M*284

13　**en** = des phénomènes で，後続する l'accomplissement にかかる．⇒ 小文 ①(1) *M*106

14　ここの **à** は，« consiste surtout à … , à … » という形になっている．

15　**en** = de « ce qui est » で，conclure A de B の下線部の間接目的語になる．

16　ここでは **ce qui sera** と **ce qui est** という être 動詞の未来形と現在形が対比されている．こういった用法はよく使われるので慣れておくとよい．

# 15.

## Antoine Augustin Cournot,

*Essai sur les fondements de nos connaissances et sur les caractères de la critique philosophique* (1851)

> アントワーヌ・オーギュスタン・クルノー（1801～1877）は、数学・経済学・哲学の分野にまたがって、先進的な仕事を残した。当時としては珍しく彼は偶然が客観的に存在することを主張したが、本文は偶然に関する彼の考えを説明した箇所である。この考えに基づき、クルノーは偶然と確率に基づく独自の思想を展開することになる。

 本文

### DU HASARD DE LA PROBABILITÉ MATHÉMATIQUE

Mais, soit[1] qu'il y ait lieu de regarder[2] comme fini ou comme infini le nombre des causes ou des séries* de causes qui contribuent à amener un événement, le bon sens dit qu'il y a des séries *solidaires*\*\* ou[3] qui s'influencent les unes les autres et des séries *indépendantes*\*\*\*, c'est-à-dire[4] qui se développent parallèlement ou consécutivement, sans avoir les unes sur les autres la moindre influence, ou (ce qui reviendrait[5] au même pour nous) sans exercer les unes sur les autres une influence qui puisse[6] se manifester par des effets appréciables. Personne ne[7] pensera[8] sérieusement qu'en frappant[9] la terre du pied il dérange le navigateur qui voyage aux antipodes, ou qu'il[10] ébranle le système des satellites de Jupiter ; mais, en tout cas[11], le dérangement serait d'un tel ordre de petitesse, qu'il ne pourrait se manifester par aucun effet sensible pour nous, et que nous sommes parfaitement autorisés à n'en point tenir compte[12]. Il n'est pas impossible qu'un événement arrivé

---

1 **soit que + 接続法**　que 節の中は regarder A comme X ou Y なので「A を X とみなすにせよ，Y とみなすにせよ」と訳せる.

2 **il y a lieu de + 不定詞**　「～する理由がある」.

3 **ou** は「すなわち」という意味で，先行詞中の形容詞 *solidaires* の意味が qui 以下で説明されている.

4 この **c'est-à-dire** も上記註 3 と同じ用法と考えられる.

5 **reviendrait**　条件法で，主語に仮定条件が含まれている.　⇒ 小文 ②(2) *M*154, cf. 2-11, 9-11.

6 **puisse**　否定を表す sans に関連する語を限定しているため，接続法が用いられる.

7 **ne ～ personne**　personne は名詞なので，主語や目的語にもなれる.　cf. 11-9.

8 **pensera**　単純未来で予測や推測を表している.

9 **en frappant**　ジェロンディフで条件を表し，« il dérange (...) » と « il ébranle (...) » の両方にかかっている.

10 **pensera que ..., ou que ...**　この que は pensera の目的語.

11 **en tout cas**　「いずれにせよ」.

12 **tel ～ que ... , et que ...**　「あまりに～なので，…であり，…である」. ここで用いられている条件法 serait と pourrait はどちらも推測を表している. tenir compte de ～ は「～を考慮に入れる」.

à la Chine ou au Japon ait[13] une certaine influence sur des faits qui doivent se passer à Paris ou à Londres; mais, en général, il est bien certain que la manière dont[14] un bourgeois de Paris arrange sa journée n'est nullement influencée par ce qui se passe actuellement dans telle ville de Chine où jamais les Européens n'ont pénétré. Il y a là comme deux petits mondes, dans chacun desquels[15] on peut observer un enchaînement de causes et d'effets qui se développent simultanément, sans avoir entre eux de connexion, et sans exercer les uns sur les autres d'influence appréciable.

Les événements amenés par la combinaison ou la rencontre d'autres événements qui appartiennent à des séries indépendantes les unes des autres[16], sont ce qu'on nomme des événements *fortuits*, ou des résultats du *hasard*.

---

**用語**

\* **série**（系列）— 原因とその結果の連鎖のことであり、典型的には一つの原因が一つの結果を生み出す因果系列のことである。

\*\* **des séries solidaires**（連動した系列）— 複数の原因が競合して結果を生み出したり、互いに影響を及ぼしあったりする系列のこと。

\*\*\* **des séries indépendantes**（無関係な（独立した）系列）— 互いに原因と結果が無関係な系列のことで、これらが遭遇したときに偶然が生じるとクルノーは論じている。このように系列も、それらの遭遇も宇宙のなかに存在するので、偶然も客観的な性質をもつとクルノーは考え、無知（主観）に由来する偶然とは区別している。

---

**考えてみよう！**

哲学にはクルノーが述べている他にいろいろな偶然概念があります。ほかにどのような偶然概念があるか調べてみましょう。自分の経験のなかにこれは偶然だと思ったことがあれば挙げてみたうえで先にあげた自分の経験が当てはまる偶然概念があるかどうか考えてみましょう。

---

13 **ait** 疑惑や不確実を表す名詞節のなかで接続法になっている.
14 **la manière dont ~** 「～するやり方」. ⇒ 小文 ①(2) *M*88, cf. 4-6.
15 **desquels** は，« deux petits mondes » を受けて，chacun de ～という形と結びついている.
16 **indépendant de ~** 「～とは無関係の」に，les uns+前置詞 + les autres「互いに」が付け加わっている.

# フランス語による思索の夜明け

　古フランス語による文学作品というと、われわれは12世紀の吟遊詩人（トゥルバドゥール）を思い起こすが、フランス語が学術言語として使用されるようになるのには、16世紀を待たねばならない。宗教改革以降、カトリック側に残ることになった国々も主権国家として自立し、それと並行して、ローマ＝カトリックの公用語であったラテン語とは別に、**各国語の確立が自覚される**ようになってくる。メセナ活動で名高いフランソワ一世によって1539年に発せられたヴィレール＝コトレの勅令が、公文書をフランス語によるように求めたのはその一例である。

　しかしフランス語の確立は決してたやすい道のりではなかった。最初に刊行されたフランス語文法はラテン語で書かれており、メグレによるフランス語によるフランス語文法 *Le Traité de la Grammaire française* が登場するのは、1550年のことである。同じころ、ギリシア＝ローマの韻文に匹敵するフランス語詩を目指すプレイヤッド派（ロンサールを中心とする詩人のグループ）が活動を始め、学問的方法の革新を訴えるペトルス・ラムスがディアレクティックの改革をフランス語で訴える。幼少より母国語同然にラテン語に慣れ親しんできたモンテーニュが、自身の判断力の「試し＝essai＝エセー」として内なる思考をフランス語で綴るのも、こうした潮流の中ではじめて可能になった。

　『エセー』は現代人にとって必ずしも読みやすいテキストではない。綴り字や語のニュアンスが現代とは異なるからである。当時はまだ正書法が確立しておらず、地域によって、あるいは筆者によって綴りにばらつきがあった。そのような状況を克服していき、フランス語の bon usage を確立する目的で1635年に設立されたのが、アカデミー・フランセーズである。アカデミーがそのミッションとしての辞書を最初に出版するのはその約60年後になるが、その間にフランス語はいくつもの古典となる著作を生み出した。それがデカルトの『方法序説』であり、パスカルの『プロヴァンシャル』であった。

　デカルトはそれまで（その当時でもほとんど）ラテン語で書くのが通常であった**哲学の著作をフランス語で書いた**。自身の新しい思考を、ラテン語による古い教育で凝り固まった人にだけではなく、自らの知性で判断できる万人に、追体験してほしかったからである。とはいえ、デカルトの文章にも、ラテン語教育の痕跡は残っている。接続詞を用いて、息の長い文章をつなげていくその文体は「ペ

リオド文」と呼ばれ、彼の学んだラフレーシュ学院のレトリック教育の中で叩き込まれたものである。もっともデカルトにあっては、この文体が単なるレトリックに堕することがなく、自らの思考を伝えるためのリズムにまで昇華されている点を見逃してはならない。その点で、デカルトはフランス語を自家薬籠中のものとした作家のひとりということができる。

　17世紀の後半に入ると、フランス語はヨーロッパ全体で重要な地位を占めるようになる。『リシュレ』や『フュルティエール』などの辞書がアカデミーの辞書と並び刊行される。デカルトであっても形而上学の主著はラテン語で物したが、マルブランシュになるとフランス語の著作が大半を占めるようになる。そしてライプニッツのようなドイツ人でさえも、フランス語で執筆し、刊行するようになっていく。

　この時代のフランス語による哲学が難渋に感じるとすれば、ひとつは言葉の面にある。**重要な用語がラテン語を流用したフランス語訳**であり、たとえばréalité、sujetといった語は、ラテン語のrealitas, subjectumが担っていた含意をある程度押さえておく必要があるだろう。接続法の用法にも、現代にはあまり見られないラテン語的な名残がある。もうひとつは内容の面である。一方で15、6世紀における**人文主義的な知の蓄積および活版印刷術による情報の爆発**、他方で根強く残っている**スコラ的伝統とその深化**、こうしたことについての知識がテキストを読むうえでどうしても必要になってくる。このことは、時代の端境期に生まれたデカルトだけでなく、万学の統合を企てたライプニッツにも当てはまることである。その意味では、17世紀は近世の夜明けと言われるとはいえ、18世紀の啓蒙思想によって鍛えられた現代に直接つながってくるいわゆる「近代」と比べると、アルカイックなたたずまいを備えていることは否定できない。

　とはいえ、扱っている論点は基礎的な問題群が多い。これは先に述べたような学知の洪水に溺れず自らこれらを使いこなし、さらに進んで、素材は活用しつつも新たなる体系を打ち立てていこうとするためには、事柄の基本に立ち返り丁寧に言葉を費やして説明していくほかないからである。少し手間はかかるかもしれないが、丁寧に読み進めれば、哲学の諸問題がみずみずしい相貌で立ち上がってくる現場に立ち会える、本章ではできるかぎりそのようなテキストを選んだ。

# 16.

## Michel de Montaigne,

### *Les Essais* (1580, 1588, 1595)

> 　使用するテクストは、『エセー』第3巻から、「後悔について」と題された第2章の冒頭である。ここで、モンテーニュは、自分がどのような精神で『エセー』を執筆しているのか、生き生きと語っている。自分は、世界のあり方と自分自身の姿を、特定の原理や概念によって説明するのではなく、あくまでも、あるがままに提示しようと試みるのである、と。この試みは、ただ気の向くままに思いついたことを書くのとはまったく違う。精神の眼を自分自身からそらさない、高度な集中力を要する作業である。この箇所の少しあとで、モンテーニュは、「私は、人々に自分というものを示す最初の人間である」と述べているが、この言葉に誇張はいっさい含まれていない。デカルトに先立って、彼が「最初の近代人」とも呼ばれるゆえんである。『エセー』の複雑な成立経緯に関しては、巻末の「哲学者紹介」を参照してほしい。

 **本文**

### « Du repentir » (Livre III, Chapitre II)

　Les autres forment l'homme ; je le recite[1] et en represente un particulier bien mal formé, et lequel, si j'avoy[2] à façonner de nouveau, je ferois vrayement bien autre qu'il n'est. Meshuy[3] c'est fait. Or les traits de ma peinture ne forvoyent[4] point, quoy qu'ils se changent et diversifient. Le monde n'est qu'une branloire perenne[5]. Toutes choses y branlent sans cesse : la terre, les rochers du Caucase, les pyramides d'Ægypte, et du branle public et du leur[6]. La constance mesme n'est autre chose qu'un branle plus languissant. Je ne puis asseurer[7] mon object[8]. Il va trouble et chancelant, d'une yvresse naturelle. Je le prens en ce poinct, comme il est, en l'instant que je m'amuse à luy. Je ne peints pas l'estre. Je peints le passage : non un passage d'aage en autre, ou, comme dict le peuple, de sept en sept ans, mais de jour en jour, de minute en minute. Il faut accommoder mon histoire à l'heure. Je pourray tantost changer, non de fortune seulement, mais aussi d'intention. C'est un

---

1　**reciter**　accent aigu がないのは古綴り（以下の perenne, verité なども同様）で，ここでは décrire の意味．綴りだけでなく，語彙や語法そのものが現代とはかなり異なるので，分からない箇所が多く出てくるのは当然である．それでも音読を繰り返すうちに，モンテーニュが繰り出す言葉のリズムを感じ取れるようになるだろう．

2　**j'avoy**　j'avais（半過去）の古綴り．以下 je ferois, je m'essairois も同様．その他，mesme = même, estre = être, tantost = tantôt など，現代綴りとの違いの規則性に注目してほしい．

3　㊂**Meshuy** = désormais, à partir du moment actuel.

4　**forvoyer** = détourner, égarer. forvoyer は fourvoyer の古綴り．代名動詞形の方が一般的．ex. Il s'est fourvoyé dans une entreprise dangereuse.

5　**perenne** = éternel.

6　**et du leur** = et du leur branle particulier.

7　**asseurer**　assurer の古綴りで，ここでは fixer の意味．

8　**mon object**　描出対象であるモンテーニュ自身を指す．文の冒頭の je **le** recite, **un particulier**, **ma peinture** も同様．object は objet の古綴り．

contrerolle de divers et muables accidens[9] et d'imaginations irresoluës[10] et, quand il y eschet[11], contraires : soit que je sois autre moy-mesme, soit que je saisisse les subjects par autres circonstances et considerations. Tant y a que[12] je me contredits bien à l'adventure[13], mais la verité, comme disoit Demades[14], je ne la contredy point. Si mon ame pouvoit prendre pied[15], je ne m'essaierois pas, je me resoudrois : elle est tousjours en apprentissage et en espreuve.

Je propose[16] une vie basse, et sans lustre, c'est tout un[17]. On attache aussi bien toute la philosophie morale à une vie populaire et privée que à une vie de plus riche estoffe : chaque homme porte la forme entiere de l'humaine condition*.

**用語**

* **humaine condition**（人間の条件）── いわゆる哲学的な概念をモンテーニュは用いないが、それでも、彼の思想を象徴する表現はいくつかある。自分が独断に陥ることを戒める « Que sais-je（私は何を知っているというのか）？» や、この « humaine condition » がそうである。人が人たる条件とは何なのか？『エセー』に明確な答えが示されているわけではない。むしろ、この言葉は、「誰にでも、その人を一人の人間たらしめる、十分な条件＝根拠がそなわっている」、つまり、「人は誰でも、あるがままにして、欠損のない十全な存在なのだ」というメッセージとして、読むべきものだろう。「あるがままに」というのがどういうことか、引用したテクストには、その一端が示されている。

**考えてみよう！**
文章ジャンルのひとつ「エッセー」は『エセー』に由来します。*Les Essais* は、動詞 essayer の過去分詞が名詞化したものの複数形。だとしたら、「エッセー」というのはどんな文章だ、ということになるでしょう。モンテーニュは « m'essayer » と述べていますが…。

---

9 **accidens** accidents の古綴りで，ここでは évènements の意味.

10 **imaginations irresoluës** ここでは pensées indécises の意味. モンテーニュは imagination を pensée の意味で頻用する. irresoluës は irrésolues の古綴り.

11 **quand il y eschet** échoir は三人称のみで，単数は échet とも綴る. eschet はその古綴り. 現在分詞を用いた le cas échéant（= si l'occasion se présente）も同じ意味で，より現代向き.

12 **tant (il) y a que** À quoi sert de + 動詞（…して何の役にたつ）？のように非人称代名詞 il が省略された定型表現があり，そのなかには il を置いてもよい場合がある. tant y a que は il を置くのがむしろ現用. ex. Je ne sais pas bien ce qui donna lieu à leur querelle, tant il y a qu'ils se battirent（donna と battirent は単純過去形）. 意味の近い tant と si bien que の用例も探してみよう.

13 **à l'adventure** = au hasard, sans réflexion. adventure は aventure の古綴り.

14 **Demades** 紀元前 4 世紀アテナイの雄弁家.

15 **prendre pied** = se trouver sur le sol ferme.

16 **proposer** ここでは exposer の意味.

17 **c'est tout un** = il est indifférent. この il は非人称.

# 17.

## René Descartes (1),
### *Discours de la Méthode pour bien conduire sa raison et chercher la vérité dans les sciences* (1637)

今日『方法序説』として知られている短い著作は、正式には『理性を導き学問における真理を探究するための方法の叙述。さらに屈折光学、気象学、幾何学がこの方法の試論となる』という３つの科学論文を含む大作の、いわば序文の役割を果たすものである。簡潔ではあるが、のちに『省察』*Meditationes* や『哲学の原理』*Principia philosophiae* といったラテン語著作の中でより詳細に論じられることになる重要テーマが登場する。引用は、疑いを挟みうるものについてはいったん徹底的に疑い、それでもなお懐疑を逃れうるものを見出し、それを学問的知識の基礎としようという、「方法的懐疑」を経て「考えるわれ」の発見に至る第四部冒頭である。

**本文**

Ainsi, à cause que nos sens nous trompent quelquefois, je voulus[1] supposer qu'il n'y avait aucune chose qui fût[2] telle qu'ils nous la font imaginer. Et parce qu'il y a des hommes qui se méprennent en raisonnant, même touchant les plus simples matières de géométrie, et y font des paralogismes, jugeant que j'étais sujet à faillir, autant qu'aucun[3] autre, je rejetai comme fausses toutes les raisons que j'avais prises auparavant pour démonstrations. Et enfin, considérant que toutes les mêmes pensées, que nous avons étant éveillés[4], nous peuvent aussi venir quand nous dormons, sans qu'il y en ait aucune, pour lors[5], qui soit vraie, je me résolus de feindre que toutes les choses qui m'étaient jamais entrées en l'esprit n'étaient non plus vraies que[6] les illusions de mes songes. Mais, aussitôt après, je pris garde que, pendant que je voulais ainsi penser que tout était faux, il fallait nécessairement que moi qui le pensais fusse quelque chose. Et remarquant que cette vérité : *je pense, donc je suis,* était si ferme et si assurée que toutes les plus extravagantes

---

1　**voulus** は vouloir の単純過去．基本的には過去の一回限りの出来事を客観的に表す時制であるが，筆者がその体験を物語る場合でも，語りが客観性を帯びれば単純過去となることがある.

2　**fût** は être の接続法半過去．ここでは「存在する」という意味である．以下，être がこの意味で用いられているのか，あるいは主語と属詞を結び付ける繋合動詞なのか，注意すること.

3　**aucun** はここでは本来の肯定的な意味である．ex. Il était plus capable qu'aucun autre d'observer. (彼は他の誰よりも観察することができた．)

4　**étant éveillés**　分詞構文が que の形容詞節に含まれている.

5　**pour lors**　古い意味で「その時」．現代では「とりあえず」のニュアンスが強い.

6　**A ne non plus ~ que B** = A ne pas plus ~ que B「A は B と同様に～でない」．cf. 4-13.

suppositions des sceptiques\* n'étaient pas capables de l'ébranler, je jugeai que je pouvais la recevoir, sans scrupule, pour le premier principe de la philosophie que je cherchais.

Puis, examinant avec attention ce que j'étais, et voyant que je pouvais feindre que je n'avais aucun corps, et qu'il n'y avait aucun monde, ni aucun lieu où je fusse, mais que je ne pouvais pas feindre, pour cela, que je n'étais point ; et qu'au contraire, de cela même que je pensais à douter de la vérité des autres choses, il suivait très évidemment et très certainement que j'étais ; au lieu que[7], si j'eusse seulement cessé[8] de penser, encore que[9] tout le reste de ce que j'avais jamais imaginé eût été vrai, je n'avais aucune raison de croire que j'eusse été : je connus de là que j'étais une substance\*\* dont toute l'essence ou la nature n'est que de penser, et qui, pour être, n'a besoin d'aucun lieu, ni ne dépend d'aucune chose matérielle. En sorte que[10] ce moi, c'est-à-dire l'âme par laquelle je suis ce que je suis, est entièrement distincte du corps, et même qu'elle est plus aisée à connaître que lui, et qu'encore qu'il ne fût point, elle ne laisserait pas d[11]'être tout ce qu'elle est.

**第3部**

### 用語

* **sceptiques**（懐疑主義者）── 16世紀後半以降、とりわけピュロン主義の復興とともに伸長していったが、デカルトの方法的懐疑は、懐疑を徹底させることで確実な真理に至るための手段である。
* \*\* **substance**（実体）── デカルトの用法では、存在するために他の助けを必要としないもののこと。神、精神、物体が三つの実体とされる。ただし厳密には、精神と物体は神の被造物である。

---

### 考えてみよう！

*je pense, donc je suis.*「われ思う、ゆえにわれあり。」有名な言葉であるが、いったい何を意味するのだろうか。AI はデカルト的な意味で「思う」のだろうか。

---

7  **au lieu que + 直説法**　「ところが〜」．au lieu que + 接続法なら「〜するどころか」．cf. 22-8.

8  **j'eusse seulement cessé**　接続法大過去．si に導かれる条件節で，直説法大過去に代わって用いられることがある．なお，主節の内容は事実として語られているので，直説法をとっている．⇒ 小文 ③(2)B.

9  **encore que + 接続法**　古い用法で「〜にもかかわらず」．

10  **En sorte que + 直説法**　「その結果」．現在では，de sorte que がふつう．

11  **ne pas laisser de 〜**　「それでもやはり〜だ」．ex. Malgré leur dispute, elles n'ont pas laissé d'être amies.

# 18. René Descartes (2),
## *Les Passions de l'âme** (1649)

> スウェーデン女王の家庭教師として招聘されたストックホルムの地でデカルトが他界する前年、1649年に『情念論』は刊行された。情念の基本構造を心身関係から解明する第1部、さまざまな情念の特徴を考察する第2部、情念の統御と感受のしかたを通して道徳を語る第3部、以上を通じて、デカルトは、人間を、魂と身体の合一体として捉えようとする。引用するテクストは、『情念論』が思想史を画する試みであることを明言する第1部第1項の冒頭と、道徳論のハイライトとなる「高邁」の情念を規定する第3部の第153項である（項＝ Article は全三部を貫く通し番号で、第212項まで続く）。

♪19  **本文**

Art. 1. *Que ce qui est passion au regard d'un sujet*[1], *est toujours action** à quelque autre égard.*

Il n'y a rien en quoi paraisse mieux combien les sciences que nous avons des Anciens sont défectueuses, qu'en ce qu'ils ont écrit des Passions[2]. Car, bien que ce soit une matière dont la connaissance a toujours été fort recherchée, et qu'elle ne semble pas être des plus difficiles, à cause que chacun les sentant[3] en soi-même, on n'a point besoin d'emprunter d'ailleurs aucune observation pour en découvrir la nature, toutefois ce que les Anciens en ont enseigné est si peu de chose, et pour la plupart si peu croyable, que[4] je ne puis avoir aucune espérance d'approcher de la vérité, qu'en[5] m'éloignant des chemins qu'ils ont suivis. C'est pourquoi je serai obligé d'écrire ici en même façon que si je traitais d'une matière que jamais personne avant moi n'eût touchée[6]. ......

---

1   **un sujet**　ここでは「主体」の意味だが，英語の subject 同様，sujet には「主題，テーマ」の意味もあることに注意．このような二義性が生まれた背後には，哲学における長くて複雑な概念史の経緯がある．

2   **qu'en ce qu'ils ont (...)** の **que** は，**rien 〜 que ...** および **mieux 〜 que ...** と，二つの連関を一語で形成している．「« combien les sciences sont défectueuses » ということが，« ce qu'ils ont écrit (...) » 以上によく表れているものはなにもない（rien）」．デカルトのフランス語は，一文の息が非常に長い．そこで，以下，構文理解を促すための説明を中心にする．ただし，長くても一文であるということは，その長さにひとまとまりのメッセージが託されている，という点を忘れないようにしたい．

3   **sentant** は sentir の現在分詞だから，à cause que 節の主語・動詞は « chacun ... soi-même » のあとに出てくることに注意．Car で始まるこの一文は，従属節を複数連ねる複雑な構造をしているが，根気よく解析してゆけば，不明瞭な点は残らない．節ごとの主語と動詞を見極めてゆこう！

4   **que** は先立つ二つの si peu を受ける．

5   **que** は **ne puis avoir 〜 qu'en (...)** と繋がる ne 〜 que 構文である．

6   **eût touchée**　接続法大過去．現実には情念を素材とする著作は数多く書かれており，そのような過去の事実に反する想定がなされている．⇒ 小文 ③(2)B.

Art. 153. *En quoi consiste la générosité.*

Ainsi je crois que la vraie générosité, qui fait qu'un homme s'estime au plus haut point qu'il se[7] peut légitimement estimer, consiste seulement, partie[8] en ce qu'il connaît qu'il n'y a rien qui véritablement lui appartienne, que[9] cette libre disposition de ses volontés, ni pourquoi[10] il doive être loué ou blâmé, sinon pour ce qu'il en use bien ou mal ; et partie en ce qu'il sent en soi-même une ferme et constante résolution d'en bien user, c'est-à-dire de ne manquer jamais de volonté, pour entreprendre et exécuter toutes les choses qu'il jugera être les meilleures. Ce qui est suivre parfaitement la vertu.

第3部

**用語**

* **âme**（魂）—『省察』や『哲学原理』などの著作や書簡を通じて、デカルトは基本的に esprit（精神）の語を用い、âme（魂）はむしろ例外である。espritは、理解する、意志する、欲する、感覚する等、あらゆる pensée（思い・思惟）の主体だから、必ずしも理知的な働きだけを担うわけではないが、その espritでも、感情を抱く心身合一体の心を名指す言葉としては十分でない、とデカルトは判断したのだろう。

** **action / passion**（能動 / 受動）— 第1項は、引用した冒頭に続けて、能動／受動とは何かを示す。単数抽象名詞 passion（受動）を複数個別化したものが、passions（諸情念）に他ならない。第1項のタイトルは、実質的に、「âme（魂）にとって受動であるものは、corps（身体）にとって能動である」と述べており、第1部を通じて、デカルトは、身体側の生理的要因が引き金となって、魂が情念を受動的に抱くメカニズムを明らかにしてゆく。ただし、魂の側にも能動性はそなわっている。すなわち、第153項の高邁が依拠する volonté（意志）である。

**考えてみよう！**

憎しみや、妬みや、侮蔑や、絶望のような、できれば感じないで済ませたい感情があります。にもかかわらず、自分がこういった感情に囚われてしまったとき、あなたならどうやってその状態から抜け出しますか。最近は、アンガー・マネジメントなんて言葉も耳にしますね。

---

7   **se** は現代フランス語なら pouvoir のあとに来て，(...) qu'il peut s'estimer légitimement となる.

8   **consister partie en ce que ~ ; et partie en ce que ~** という構成.「一つには〜，もう一つには〜」の意味だが，現代フランス語なら d'une part ~, d'autre part ~ や d'un côté ~, d'un autre côté ~ などが用いられる.

9   **que** は « Il n'y a rien (qui ...), que ... » と繋がる. **ne ~ rien que ...** で「…以外何もない」. ex. Je n'ai rien dit que ce que je pense. さらにここでは，rien が関係代名詞 qui の節によって修飾されており，全体としては，「qui … のものは，que … 以外に何もない」となる. cf. 20-3.

10  **ni pourquoi** は « il connaît qu'il n'y a rien qui ..., ni pourquoi ..., sinon ... » という構造により，「sinon以下のことを除けば，…される理由はない，ということもまた知っている」という意味になる. ni pourquoi の否定が connaître に向かっているのではないことに注意.

# 19. Blaise Pascal,

## *De l'esprit géométrique* (1655 ?)

> 1655年ごろに執筆されたと推測される断片『幾何学的精神について』のうち、前半部「幾何学の論証、すなわち方法的で完璧な論証の方法について」からの抜粋である。未完ではあるが、パスカルの方法を簡潔に伝える貴重な文書である。パスカルらしい、二項対立の効いた簡潔な文体も味わってほしい。なお、ここで「幾何学」というのは、力学、数論、幾何学を含む数理科学一般のことを指す、上位の類概念である。またテキスト冒頭の「こうした事柄Ces choses」とは、定義は自由に行えること、ただしこれは一義的でなければならないこと、また定義されたものではなく定義そのものを常に思い浮かべること、である。

♪ 20 本文

Ces choses étant bien entendues, je reviens à l'explication du véritable ordre, qui consiste, comme je disais, à tout définir et à tout prouver.

Certainement cette méthode serait belle, mais elle est absolument impossible : car il est évident que les premiers termes qu'on voudrait définir en supposeraient[1] de précédents pour servir à leur explication, et que de même les premières propositions qu'on voudrait prouver en supposeraient d'autres qui les précédassent ; et ainsi il est clair qu'on n'arriverait jamais aux premières.

Aussi, en poussant les recherches de plus en plus, on arrive nécessairement à des mots primitifs* qu'on ne peut plus définir, et à des principes si clairs qu'on n'en[2] trouve plus qui[3] le[4] soient davantage pour servir à leur preuve.

D'où il paraît que les hommes sont dans une impuissance naturelle et immuable de traiter quelque science que ce soit[5] dans un ordre absolument accompli.

Mais il ne s'ensuit pas de là qu[6]'on doive abandonner toute sorte d'ordre.

---

1 **supposeraient** 関係詞節で条件を表すといわれる条件法．« qu'on voudrait définir » が仮定条件になっている．以下，条件法が続く．« on n'arriverait jamais aux premières » という結論にうまくつながるように，訳文を工夫すること．

2 **en** は de principes を指す中性代名詞．また，si ~ que 構文が de principes にかかっている． ⇒ 小文 ①(1) *M*76

3 代名詞 en, le, la, les の場合，関係代名詞は先行詞から離れて置かれる． ex. Il y en a qui ne le regrettent pas.

4 **le** は形容詞 claires を指す中性代名詞．

5 **quelque A que** 接続法 「それがどんな A であっても」．science はラテン語 scientia に由来して，学問的知識（学知）一般のこと． ⇒ 小文 ③(1)(d) *M*3, cf. 10-11, 14-8.

6 **il s'ensuit de là que** + 直説法 「このことから以下のことが帰結する」．否定文になると接続法をとる．

Car il y en[7] a un, et c'est celui de la géométrie, qui est à la vérité[8] inférieur en ce qu'il est moins convaincant, mais non pas en ce qu'il est moins certain. Il ne définit pas tout et ne prouve pas tout, et c'est en cela qu'il lui cède ; mais il ne suppose que des choses claires et constantes par la lumière naturelle**, et c'est pourquoi il est parfaitement véritable, la nature le soutenant au défaut du[9] discours.

Cet ordre, le plus parfait entre les hommes, consiste non pas à tout définir ou à tout démontrer, ni aussi à ne rien définir ou à ne rien démontrer, mais à se tenir dans ce milieu de ne point définir les choses claires et entendues de tous les hommes, et de définir toutes les autres ; et de ne point prouver toutes les choses connues des hommes, et de prouver toutes les autres. Contre cet ordre pèchent également ceux qui[10] entreprennent de tout définir*** et de tout prouver et ceux qui négligent de le[11] faire dans les choses qui ne sont pas évidentes d'elles-mêmes.

第3部

---

**用語**

\* **mots primitifs** ― 根源的な言葉、原始語とも訳される。定義できない、あるいはするべきではない語のこと。

\*\* **lumière naturelle**(自然の光)― デカルトがしばしば用いる用語で、『省察』では、信頼すべきでない素朴な経験である「自然的傾向」という語と対置しつつ、「自然の光によって私に明示させることはいずれも決して疑わしいものではありえない」と述べている。

\*\*\* **définir** ― 具体的には、続く箇所で次のように述べる。「幾何学は、空間、時間、運動、等しさといった事柄や、数多くある同様の事柄をまったく定義しない。なぜなら、こうした術語は、言語を理解しようとする人に対して、その意味する事柄をまったく自然に指示するので、これらの術語を説明しようとすると、はっきりするよりもかえって分かりにくくなるからである。」

---

**考えてみよう！**
『幾何学的精神について』の後半は「説得について」である。「論証」と「説得」の違いは何だろうか。

---

7 **en** un ordre のうち数詞の un のみを残して ordre を代名詞で受けたもの. ⇒ 小文 ①(1) *M*195

8 **à la vérité** 「実のところ、実を言うと」.

9 **au défaut de ~** 「～の代わりに」. 現在では à défaut de がふつう.

10 **ceux qui ~** 「～する人」. 主語が長いので、V+S の倒置形になっている. pécher contre ~ 「～に背く」.

11 **le** 不定詞に代わる中性代名詞.

# Nicolas Malebranche,

*De la recherche de la vérité, où l'on traite de la nature de l'esprit de l'homme, et de l'usage qu'il en doit faire pour éviter l'erreur dans les sciences* (1674–1675)

『真理探求論』は1674年（第一巻から第三巻）から1675年（第四巻から第六巻）にかけて出版されたマルブランシュの最初の著作である。引用は「序文」の冒頭部から。マルブランシュはここで当時の哲学への不満を表明しつつ、中世最初期の神学者アウグスティヌスに範を仰ぎながら、自らの哲学のまさに凝縮されたエッセンスを開陳する。人間精神は神との合一関係にあること、これである。精神が身体とも合一関係をもつことが否定されるわけではないにせよ、精神の幸福な生のあり方は真理の認識にあり、そして真理の認識が神との合一によって可能となる以上、哲学の最重要課題はこの合一関係を解明することにあるのだ。

**21** 本文

L'esprit de l'homme se trouve[1] par sa nature comme[2] situé entre son Créateur et les créatures corporelles ; car, selon S. Augustin, il n'y a rien au-dessus de lui que Dieu[3], ni rien au-dessous que des corps. Mais comme[4] la grande élévation où il est au-dessus de toutes les choses matérielles n'empêche pas qu'il ne[5] leur soit uni, et qu'il ne dépende même en quelque façon d'une portion de la matière, aussi la distance infinie\*, qui se trouve entre l'Être souverain et l'esprit de l'homme, n'empêche pas qu'il ne lui soit uni immédiatement, et d'une manière très intime[6]. Cette dernière union l'élève au-dessus de toutes choses. C'est par elle qu'il reçoit sa vie, sa lumière et toute sa félicité ; et S. Augustin nous parle, en mille endroits de ses ouvrages, de cette union comme de celle qui est la plus naturelle\*\* et la plus essentielle à l'esprit. Au contraire, l'union de l'esprit avec le corps abaisse l'homme infiniment, et c'est aujourd'hui la principale cause de toutes ses erreurs et de toutes ses misères.

Je ne m'étonne pas que le commun des hommes, ou que[7] les philosophes païens, ne considèrent dans l'âme que son rapport et son union avec le corps, sans y

---

1 **se trouver + 形容詞** 「〜の状態においてある」．本文6行目にあるように se trouver が単独で使用される場合は単に「存在する」の意．

2 近似を表す **comme** 「いわば，あたかも」．ここでは pour ainsi dire と代替可能．ex. Il est comme mort.

3 **il n'y a rien que ~** 「〜以外には何も存在しない」．il n'y a que の強調形である．cf. 18-9.

4 **comme S V, aussi S' V'** 「S が V するように，S' は V' する」．ここで aussi はなくてもよいが，comme が類似の用法で用いられていることを明示するために置かれている．ex. Comme un chat miaule, aussi les balles miaulent.

5 これは虚辞の **ne** であるから，従属節は肯定の意で読む．この文の他の従属節内の ne についても同様．cf. 7-10.

6 **d'une manière + 形容詞** 「〜な仕方で」．ex. Il sourit d'une manière très intime. cf. 4-7.

7 **que** 現代の用法では que は不要．

reconnaître le rapport et l'union qu'elle a avec Dieu ; mais je suis surpris que des philosophes chrétiens, qui doivent préférer l'esprit de Dieu à l'esprit humain, Moïse à Aristote, S. Augustin à quelque misérable commentateur d'un philosophe païen, regardent plutôt l'âme comme la *forme* du corps\*\*\* que[8] comme faite à l'image et pour l'image de Dieu ; c'est-à-dire, selon S. Augustin, pour la Vérité à laquelle seule elle est immédiatement unie. Il est vrai qu'elle est unie au corps et qu'elle en est naturellement la forme ; mais il est vrai aussi qu'elle est unie à Dieu d'une manière bien plus étroite et bien plus essentielle. Ce rapport qu'elle a à son corps pourrait[9] n'être pas ; mais le rapport qu'elle a à Dieu est si essentiel qu'il est impossible de concevoir que Dieu puisse[10] créer un esprit sans ce rapport.

第3部

### 用語

\*   **la distance infinie**（無限の距離）— マルブランシュが、至高の存在者 (l'Être souverain) である神と被造物との逆説的な関係について語る際に、好んで用いる表現。神はこの被造の世界を超越する存在者なので、神と人間精神とのあいだには言わば「無限の距離」がある。しかし、そうではありつつも、両者は媒介項なしに (immédiatement)、言わば「距離ゼロ」の状態で、合一している。両者のこの逆説的な関係を解明することがマルブランシュ哲学の使命なのである。

\*\*  **cette union ... la plus naturelle**（最も自然な合一）— 神との合一は、人間の精神にとって超自然的な事態（つまり奇跡）ではなく、人が人としての本性 (nature) をもつ以上はもたざるをえない、自然で本質的な関係である。

\*\*\* **l'âme comme la forme du corps**（身体の形相としての魂）— 人間の精神ないし魂は伝統的に身体の形相だと考えられてきた。マルブランシュは人間精神のこのあり方を否定するわけではないにせよ、その神の似像 (image) としての側面こそが注目されるべきであると言う。

### 考えてみよう！

人間の心は物理的な存在者との関係をもっています（例えば、我々の心は物体からの働きかけによって痛みなどの感覚を受け取ります）が、マルブランシュが言うように、心は例えば神のような非物理的な存在者とのスピリチュアルな関係をもっていると言えるでしょうか？ あなたにとってそれは神ではないとしたら何でしょうか？

---

8   **regarder ~ comme ...** 「〜を…とみなす」．**plutôt ~ que ...** 「…というよりもむしろ〜」．ここでは両表現が複合的に用いられているが，その意味をまとめると「Aを，Bとみなすというよりも，むしろCとみなす」となる．
9   **pourrait** pouvoir の条件法．ここでは，直説法のもつ断定的な調子を避けて，語気緩和のために使用されている．
10  **puisse** pouvoir の接続法．従属節内のことがら（神との関係をもたない精神を創造することが神にはできること）が実際には成立しないことがらであることを表すために，直説法ではなく接続法が使用されている．接続法はこの意味において「観念的叙法」とも言われる．

# 21. Gottfried Wilhelm Leibniz (1),

## *Essais de Théodicée* (1710)

『弁神論』は、論文などを別とすれば、ライプニッツが生前に刊行した、唯一の哲学著作である。『弁神論』は、副題にもあるように、「神の善性、人間の自由および悪の起源」をテーマに、過去の議論を網羅的に調査しつつ、ライプニッツが独自の議論を展開したものである。以下は、その『弁神論』の主題とも言える、「悪の起源」の問題について提示した箇所である（第一部第20節）。ライプニッツは、デカルト派の永遠真理創造説を否定し、必然的真理が神の意志ではなく、神の知性のうちに内在するとする。そして、世界の起源は必然性と結びついた知性（ヌース）にあるとするプラトンの説と、神と自然を一つに結びつけるスピノザの説を融合して、独自の説を提示しようとする。ここでは、諸説を総合し、その反省の上に独自の哲学説を構築するというライプニッツの特徴がいかんなく発揮されている。

♪ 22 **本文**

 Mais il faut satisfaire encore aux difficultés plus spéculatives et plus métaphysiques dont il a été fait mention et qui regardent la cause du mal. On demande d'abord d'où vient le mal. *Si Deus est, unde malum ? si non est, unde bonum ?* [« Si Dieu existe, d'où vient le mal ? S'il n'existe pas, d'où vient le bien ? »] Les anciens attribuaient la cause du mal à la matière, qu'ils croyaient incréée et indépendante de Dieu ; mais nous qui dérivons tout être de Dieu, où trouverons-nous la source du mal ? La réponse est qu'elle doit être cherchée dans la nature idéale de la créature, autant que[1] cette nature est renfermée dans les vérités éternelles qui sont dans l'entendement de Dieu indépendamment de sa volonté. Car il faut considérer qu'il y a une *imperfection originale dans la créature* avant le péché, parce que la créature est limitée essentiellement, d'où vient qu'elle ne saurait tout savoir, et qu'elle se peut tromper[2] et faire d'autre fautes. Platon a dit dans le *Timée* que le monde avait son origine de l'entendement joint à la nécessité. D'autres ont joint Dieu et la nature. On y peut donner un bon sens. Dieu sera l'entendement, et la nécessité, c'est-à-dire la nature essentielle des choses, sera l'objet de l'entendement, en tant qu[3]'il consiste dans les vérités éternelles*. Mais cet objet est

---

1    **autant que** + 直説法 「〜と同じだけ，〜の限りで，〜の範囲で」. ex. Il travaille autant qu'il peut. cf. 13-8.
2    **se peut tromper** 18世紀以前にはしばしばみられる語順．現代では peut se tromper となる.
3    **en tant que** + 直説法 「〜である限り」. ex. La justice est bonne en tant qu'elle garantit la liberté.

interne et se trouve dans l'entendement divin. Et c'est là-dedans que se trouve non seulement la forme primitive** du bien, mais encore l'origine du mal[4] : c'est la *région des vérités éternelles* qu'il faut mettre à la place de la matière, quand il s'agit de[5] chercher la source des choses. Cette région est la *cause idéale*** du mal, pour ainsi dire, aussi bien que du bien ; mais, à proprement parler[6], le formel du mal n'en a point d'*efficiente*, car il consiste dans la privation, comme nous allons voir, c'est-à-dire dans ce que la cause efficiente**** ne fait point. C'est pourquoi les scolastiques ont coutume d'appeler la cause du mal *déficiente*****.

> **用語**
>
> \* **vérités éternelles**（永遠真理）── 論理学や数学の真理など、時間や空間を超越した永遠不変な真理。デカルト派は神が永遠真理を創造したとするのに対し、ライプニッツは必然的真理が神の知性の内にあり、神もまたそれに従うとした。
>
> \*\* **forme primitive**（原初的形相）── 人間知性のうちにある表象的な観念ではなく、その表象的な観念に対応し、かつその起源でもある、神の知性のうちにある本来的な観念。
>
> \*\*\* **cause idéale**（観念因）── ライプニッツは、神がその知性によりあらゆる可能性を考慮した上で最善な世界を創造したと考える。したがって、その意味では、悪の観念的原因は、神の知性のうちにあるという見方ができる。
>
> \*\*\*\* **cause efficiente**（動力因）── 作用因とも言う。アリストテレスの四原因説の内の一つ（ほかに、形相因、質料因、目的因）。そのものの運動変化の原因などを指す。
>
> \*\*\*\*\* **cause déficiente**（不在因）── 欠如因とも言う。神は自ら積極的に働きかけて悪を形相的なものとして実在させたのではなく、善の「欠如」ないし「不在」として消極的に悪の原因を捉える、スコラ学者ないしキリスト教神学者の見方を指す。

**考えてみよう！**

ライプニッツは、悪の起源をめぐる問題を、永遠真理の起源の問題として議論している。この問題に関してライプニッツは悪の起源をどのように考えているのだろうか。また、デカルトとライプニッツの違いはどこにあるのだろうか。現代では、どう考えるだろうか。

---

4　**non seulement ~, mais encore ...**　「～だけでなく，…も」.

5　**quand il s'agit de ~**　「～が問題になると，する段になると」. ex. Quand il s'agit de choisir la carrière, de nombreux obstacles surgissent.

6　**à proprement parler**　「厳密に言えば」. ex. à vrai dire（実を言えば）.

第3部

# Gottfried Wilhelm Leibniz (2),

*Monadologie* (1714)

『モナドロジー』は、晩年のライプニッツが自らの哲学体系をコンパクトにまとめた論考である。全体は90節ある。序盤は、事物の構成要素であるモナドの定義から始まり、そのモナドのもつ表象と欲求の観点から精神のはたらきが説明される。また矛盾律と充足理由律という2大原理の観点から、それぞれ思考の真理（必然的真理）と事実の真理（偶然的真理）が捉えられる。そして、事物の究極的理由であり、それら諸モナドを創造した最初の単純実体として神が規定される。中盤では、無限の可能世界の中から最善な世界を現実世界として神が選択したとする「最善律」や、各モナドがその身体とその表現を介して互いに適合しているとする「予定調和説」、そして各モナドが「宇宙を映す永遠の生きた鏡」として宇宙をその内に表現しているといった中心テーゼが現れる。終盤では、独自の生命観に基づく有機体論が展開される。

♩23 　**本文**

　1.　La *Monade*, dont[1] nous parlerons ici, n'est autre chose qu'une substance simple[2], qui entre dans les composés[3] ; simple, c'est-à-dire sans parties.

　2.　Et il faut qu'il y ait des substances simples, puisqu'il y a des composés ; car le composé n'est autre chose qu'un amas, ou *aggregatum** des simples.

　3.　Or, là où il n'y a point de parties, il n'y a ni étendue, ni figure, ni divisibilité possible. Et ces Monades sont les véritables Atomes de la Nature et en un mot[4] les Éléments des choses.

　4.　Il n'y a aussi point de dissolution à craindre, et il n'y a aucune manière concevable par laquelle une substance simple puisse périr naturellement.

　5.　Par la même raison, il n'y en a aucune, par laquelle une substance simple puisse[5] commencer naturellement, puisqu'elle ne saurait être formée par composition.

　6.　Ainsi on peut dire que les Monades ne sauraient commencer, ni finir, que tout

---

1　parler de ~ なので関係代名詞は **dont** になる．⇒ 小文 ①(2) *M254*
2　**n'est [pas] autre chose que ~** 「～にほかならない」．ex. Son comportement n'est pas autre chose que de l'égoïsme.
3　**composés** 過去分詞＝形容詞が名詞化したもの．cf. 11-1.
4　**en un mot** 「要するに，ひとことで言えば」．ex. Nous voulons, en un mot, l'égalité.
5　**puisse** 先行詞に aucune など否定語を含む場合は，関係詞内は接続法をとる．⇒ 小文 ③(1)(c) *M70*

d'un coup[6], c'est-à-dire elles ne sauraient commencer que par création et finir que par[7] annihilation ; au lieu que[8] ce qui est composé commence ou finit par parties.

7. Il n'y a pas moyen aussi d'expliquer comment une Monade puisse être altérée ou changée dans son intérieur par quelque autre créature ; puisqu'on n'y saurait rien transposer, ni concevoir en elle aucun mouvement interne qui puisse être excité, dirigé, augmenté ou diminué là-dedans ; comme cela se peut dans les composés, où il y a des changements entre les parties. Les Monades n'ont point de fenêtres, par lesquelles quelque chose y puisse entrer ou sortir. Les accidents** ne sauraient[9] se détacher, ni se promener hors des substances, comme faisaient autrefois les espèces sensibles des scolastiques***. Ainsi ni substance, ni accident [ne] peut entrer de dehors dans une Monade.

第3部

---

**用語**

\* **aggregatum**（寄せ集め）— ラテン語。フランス語では agrégat。

\*\* **les accidents**（偶有性ないし付帯性）— アリストテレスにおいて「付帯性」は、「本質」（或るものがその或るものたる為になくてはならないもの）に対し、「なくてもいいものではあるが本質に伴って存するもの」の意味で使われた。

\*\*\* **les espèces sensibles des scolastiques**（スコラ学者たちの可感的形象）—「可感的形象」（species sensibilis）とは、中世スコラ哲学において、感覚器官に生じるとされる感覚された対象の非物質的な表現ないし外的刺激である。スコラの認識論では、可感的対象から可感的形象を受けて、感覚器官において感覚知覚が生じ、そこから知性の抽象作用によって可知的形象を精神が得ることが概念形成であるとされた。

---

**考えてみよう！**

ライプニッツが « Les Monades n'ont point de fenêtres » というメタファーを用いてどのような学説を唱えているのか、考えてみよう。

---

6   **tout d'un coup** 「突然」.

7   **commence par ~**「~から始める」，**finir par ~**「~によって終わる」という熟語に，ne ... que が組み合わせられている．

8   **au lieu que** 直説法 「~なのに，それに対して~」．ex. Je travaille, au lieu que vous vous amusez. cf. 17-7.

9   **sauraient** 実際にはモナドにおいて偶有性が外から入ることはありえないので，反実仮想として条件法を用いている．

# 3つの小さな文法練習

語学学習の王道はやはり暗唱です。暗唱が好きではない方がいたら、断言します。それは過去に見た例文がつまらないからです。

ところで、フランスでは「アフォリズム」という形式が17世紀から発展してきました。ごく短い文章で、人間の本性を暴き出すものです。「クレオパトラの鼻がもう少し短かったら、世界の表面は変わっていただろう」というパスカルの有名な言葉も、アフォリズムの一つです。当時のサロンで声に出して読むことが想定されており、リズムよく聞いていて心地よいものも数多くあります。実際にアフォリズムを音読すると、フランス語のリズムが身体化されます。

ここでは、アフォリズムの暗唱を通じて、初級から中級への橋渡しとなる3つの文法事項を身につけることを目指します。3つの文法事項は、« en » や « dont » という de が介在するフランス語に特有の代名詞・関係詞、条件法、そして接続法です。この3つを理解すれば、難しい箇所の相当について、解釈の手がかりが頭に浮かぶようになるはずです。

材料には、17世紀フランスの大貴族にして文筆家、ラ・ロシュフーコーの『箴言集』をとりました（一部、パスカルの『パンセ』）。彼の透徹した眼差しが描き出す人間の諸側面を味わいつつそのアフォリズムを暗記し、フランス語の実力アップに利用してください。

各文の冒頭の数字は、『箴言集』での番号です。文中のイタリックは、文法事項を強調するもので、原文にはありません。

## ❶ « en » « dont » の練習　～簡単なようでなかなか厄介

### （1）en

195. Ce qui nous empêche souvent de nous abandonner à un seul vice est que nous en avons plusieurs.

＊en が数詞（この場合は plusieurs）と結びついて既出の名詞を受ける場合。

「私たちがしばしばただひとつの悪徳に身をゆだねてしまわずに済んでいるのは、いくつも悪徳を持っていることによる。」

76. - Il est du véritable amour comme de l'apparition des esprits : tout le monde *en* parle, mais peu de gens *en* ont vu.

＊最初の en は、de + 既出の名詞で動詞と結びつく場合。熟語 « parler de » も確認しましょう。二つ目の en は、部分冠詞＋既出の名詞を受ける場合です。ここでは « du véritable amour » と書き替えることができる。

「真実の愛とは、霊の出現のようなものだ。誰もがそれを話題にするが、じっさいにそれを見た人はまずいない。」

106. - Pour bien savoir les choses, il *en* faut savoir le détail ; et comme il est presque infini, nos connaissances sont toujours superficielles et imparfaites.

\* en は « le détail des choses » の « des choses » を意味する。なお、現代の語順では il faut en savoir となる。

「物事をよく知るには、その細部を知らねばならない。ところが、細部はほとんど無限なので、われわれの知識はつねに表面的かつ不完全でしかない。」

357. - Les petits esprits sont trop blessés des petites choses ; les grands esprits les voient toutes, et n'*en* sont point blessés.

\* en は de + 既出の名詞（ここでは « les petites choses »）で、de を伴う形容詞 « blessés » の補語となっている。

「料簡の狭い人間は、ほんの些細なことにもひどく傷つくが、料簡の広い人間は、すべてを見通しつつ、そうしたことに少しも傷つかない。」

422. - Toutes les passions nous font faire des fautes, mais l'amour nous *en* fait faire de plus ridicules.

\*形容詞を伴った名詞のうち、名詞部分（ここでは fautes）の繰り返しを避けるために en で代えている。残った形容詞は、形容詞を導く de とともにそのまま動詞に後続している。

「あらゆる情念は、われわれにさまざまな過ちを犯させるが、恋は、最もこっけいな過ちを私たちになさしめるものだ。」

## （2）dont

88. - L'amour-propre nous augmente ou nous diminue les bonnes qualités de nos amis à proportion de la satisfaction que nous avons d'eux ; et nous jugeons de leur mérite par la manière *dont* ils vivent avec nous.

\* dont = de laquelle の場合。

「われわれの自己愛は、われわれが友人たちから得る満足の度合いに応じて、彼らの長所を大きくもし、また小さくもする。われわれは、彼らの美点を、彼らがわれわれと共にいるときにどのようであるか、その仕方によって判断する。」

156. - Il y a des gens *dont* tout le mérite consiste à dire et à faire des sottises utilement, et qui gâteraient tout s'ils changeaient de conduite.

\* de + 先行詞が関係詞節中の別の名詞（この場合は主語）に係る場合。

「その取柄と言えば、馬鹿なことを言ったり、したりして、役に立つことに尽きる、という人たちがいるが、もし彼らが振る舞いを改めるなら、すべてを台無しにしてしまうだろう。」

254. - L'humilité n'est souvent qu'une feinte soumission, *dont* on se sert pour soumettre les autres.

\* de + 先行詞が、関係詞節中の de を伴う動詞 « se servir » に結びついている。

「恭順はたいてい、他人を服従させるために利用する、偽りの服従にすぎない。」

462. - Le même orgueil qui nous fait blâmer les défauts *dont* nous nous croyons exempts, nous porte à mépriser les bonnes qualités que nous n'avons pas.

＊de + 先行詞が、関係詞節中の de を伴う形容詞 « exempts » と結びついている。

「同じ傲慢さがわれわれをして、自分は免れていると信じ込んでいる欠点を非難させ、自分が持たぬ長所については見て見ぬふりをさせる。」

## ❷ 条件法のコツ　〜いくつかのパターン

　フランス語教科書は一般に、条件法の用法として①法としての用法、②時制としての用法、に大別して、前者について条件文、語気緩和、推測などを挙げています。この解説では、哲学書を読むうえで重要な、条件文としての用法に焦点を当てていきますが、条件法はより広く、語り手の心理的アスペクトを反映する、文章一般を読み解く上で、本当に大切な法です。この学習をそのニュアンスを学ぶ第一歩としてください。

### （1）まずは基本の＜ si 節＞から

　条件法の最も基本的な用法は、次のものです。

　A) Si + 半過去形，条件法現在形　　　B) Si + 大過去形，条件法過去形

　A)は、現在の事実に反する仮定とそれに基づく推測で、「もしも今本当は〜だったら、〜だろうに」、B)は、過去の事実に反する仮定とそれに基づく推測で「もしもあのとき〜だったら、〜だっただろうに」ということを意味します。では早速、文章を一つ見てみましょう。

284.- Il y a des méchants qui *seraient* moins dangereux s'ils n'*avaient* aucune bonté.

　条件節が関係代名詞内にある文ですが、前から順に見ます。« Il y a des méchants » と直説法ですので、とにかく、ある種の「困った人」がいます。そして « qui *seraient* moins dangereux » と、条件法現在ですから、この人たちはある条件を満たしていれば「危険な度合いが少ない」のです。この条件は「現在の事実に反する仮定」で、« si + 半過去形 » で述べられています。« s'ils n'*avaient* aucune bonté. »「もしも彼らが何ら善意などを持たなければ」ですね。訳は次のようになります。

「善意を全く持たなければもう少し危険ではなくなる、そうした困った人がいる。」

　逆に言えば、「善意を持ち親切であるがゆえにますます危険な人がいる」ということになりますね。例を挙げませんが、思い当たるところ、ありませんか？　こうした反語的表現は、フランス人が皮肉屋のせいか、頻繁に見かけるように思います。また、前の内容を受けつつロ

ジックを丁寧に展開していく哲学のテキストにも頻出します。

　それでは皆さん、ラ・ロシュフーコーの文章を二つ、訳してみましょう。いずれも自分に甘い人間の姿を皮肉に描く、いかにも彼らしい文章です。31は、« en » の復習にもなります。

31. - Si nous n'avions point de défauts, nous ne prendrions pas tant de plaisir à en remarquer dans les autres.

123. - On n'aurait guère de plaisir si on ne se flattait jamais.

## （2）これが読めるとカッコイイ　〜　＜si 節＞節のない条件法

　英語を学んだ人は、「助動詞の過去形（would, could, might, should など）＋ have ＋ 動詞の過去形」という形を見たら条件を探そう、と学びませんでしたか？　つまり、仮定法過去完了の形が出て来たら、if節がなくても、without ～ や、otherwise といった「条件」を意味する箇所を探すわけです。フランス語でも同様で、条件法の「形」が出て来たら、条件を探してみることが大切です。

　例によって、『箴言集』の文章を見てみましょう。

140. -Un homme d'esprit *serait* souvent bien embarrassé sans la compagnie des sots.

　まず、« Un homme d'esprit *serait* souvent bien embarrassé » を見ます。 « Un homme d'esprit » は、「才気を備えた人」です。どんな状況でも当意即妙の発言をする、フランス人の理想ですね。 « être embarrassé » は、「途方に暮れる」といった意味ですので、「才気の人も～の条件がある場合には途方に暮れてしまうだろう」となります。いつもは「途方に暮れる」ことなく才気を発揮する人間、この人はどんな時に「途方に暮れる」のか？　条件は簡単で、« sans la compagnie des sots » です。 « compagnie » というのは「同伴」「居合わせること」といった意味で、« sot » は「愚か者」ですから、「愚か者がいなければ」となりますね。反実仮想のニュアンスもあるので、「そんなことはまあないけどね」という意味を言外に含んでいます。そうすると、この文章は、こう訳せます。

「（そんなことは滅多にないが）仮に愚か者が居合わせてくれなければ、才気ある人もしばしば当惑してしまうだろう。」

　そうするとこの文章は、「才気ある人は、愚か者がいてくれるからこそ、当惑なしに自分の才気を示すことができる」、つまり、才気ある人は愚かな人を利用して自分の才気を見せている、という苦い真実を、つまり、私たちが賞賛する「才気」とは、しばしば残酷なものであるという事実を、あからさまにではなく、反語的に述べているわけです。

　条件法の「形」から条件を見つけ出す作業には、推理小説を読むような楽しさがあります。この作業ができるようになれば、あなたのフランス語力も一歩進んだこと、請け合いです。

折角ですので、もう少し見てみましょう。次も、ラ・ロシュフーコーらしい文章です。

216. - La parfaite valeur est de faire sans témoins ce qu'on *serait* capable de faire devant tout le monde.

　冒頭の箇所を訳してみましょう。「完全な武勇とは、人が見ていなくても ce que 以下のことがらをすることだ」となりますね（« valeur » は古い用法で、「勇気」「武勇」を意味します）。« ce que » 以下は、条件法です。では条件は何でしょうか？　これは簡単、一つしかありません。« devant tout le monde »、「みんなの前で」です。つまりもしも「みんなの前で」だったら行えるかもしれないことを、人が見ていなくても実践すること、これが「完全な武勇」というわけです。そもそも「武勇」に関わる事をするか否かに、見ている人の有無は関係ないはずです。ところが多くの人は、他人がいたらできるかもしれないことをそうした人がいないとしない。ごく少数の人が、他人の有無に関わらずそうした事がらを行う、ということになっています。思った以上に奥行きの深い文章ですね。
　もう一つだけ見ておきましょう。

154. - La fortune nous corrige de plusieurs défauts que la raison ne *saurait* corriger.

　主節は「（偶然の）幸運が私たちのいくつかの欠点を正すことがある」ですが、これの「欠点 (défauts)」に、« que la raison ne *saurait* corriger » という条件法の関係節が係っています。「理性（理屈）では直すことができないだろう」という意味ですね。条件はなんでしょうか？　文法的にはもちろん主語 raison が仮定条件ですが、訳すには二つの考え方があると思います。ひとつは「理屈が出て来てきたところで」という感じでしょうか。もう一つは、「理性がそう望んだとしても」というところです。この二つの考え方には区別しがたいところがあって、そうしたところも文章に奥行きを与えているように思えます。
　最後に、条件法のデパートのような文章をパスカルから。

Qui *aurait* eu l'amitié du roi d'Angleterre, du roi de Pologne et de la reine de Suède, *aurait*-il cru manquer de retraite et d'asile au monde ?  (Pascal, *Pensées*, L. 62, B. 177)

　冒頭は、celui qui の省略形です。« amitié » は、相手が王（女王）ですから、「ご厚誼」というくらいでしょうか。aurait eu は条件法過去形ですから、（実際には、節操なくヨーロッパ中の王室と厚誼を結ぶような人はいないだろうけれど）という仮定条件が隠れています。そして、そのような架空の人が主語となって、aurait-il cru (…)？と疑問文が続きます。ここでは主語の存在が仮定条件ですが、疑問文ですから反語表現と読めますし、推測が込められているとも言えます。この文章を見ると、条件法に語気緩和、推測、反語といった用法があることが見えてきます。

「イギリス国王、ポーランド国王そしてスウェーデン女王の愛顧を受けたような人間がいた
としよう、そういう人がよもや隠遁先や避難所に事欠くことがあるなどと思っただろうか？」
（いや、思いもしないですよね、でも王の地位は安泰ではないですね…といったニュアンスを
読み込めます。）

### ❸ 接続法と接続法大過去 〜 フランス語らしさの一つ

#### （1）接続法のコツ

接続法の活用と基本用法には深入りしません。他の参考書などを参考に、典型的な用法を学
んでください。それでも一応確認すれば、接続法は、(a) 願望・判断・疑念などを表す動詞に
導かれる従属節　(b) il faut que など、話し手の判断を表す構文の従属節　(c) 先行詞が最上級
であったり否定的であったりする場合の関係節　(d) その他の副詞節の構文において使われま
す。多くの場合、話し手（ないし主語）の主観的な考えであることがポイントとなります。

(a) については、教科書などでもよく説明されているので、省きます。ただ « Je doute qu'il
ne *vienne*. », « Je ne pense pas qu'il *vienne*. »（「私は彼が来るか疑わしく思う」、「私は彼が来
るとは思わない」）といった、疑念を表す動詞の文や、判断や思考を表す動詞の否定文では、
「彼が来る」という事態が、話し手の主観において想定された上で、疑われたり否定されたり
している、という論理は、よく理解しておきましょう。

(b) の事例です。次の文章を見てください。

495. - Il faut que les jeunes gens qui entrent dans le monde *soient* honteux ou étourdis [...]

ここでは « le monde » は「社交界」を意味します。「社交界にデビューする若者は、おずお
ずしているかそそっかしくあるべきだ」という文章ですが、「そうあるべき」という話し手（ラ・
ロシュフーコー）の判断が現われています（ちなみに、賢そうにしていると生意気に思われる
からだ、という考察が続きます）。Il faut que の後は、接続法です。

次の文章は、動詞 sembler に導かれた節の中で、接続法過去形が使われています。時制に注
意しつつ、翻訳してみましょう（また、ちょっと難しいですが、意味も考えてみましょう）

189. - Il semble que la nature *ait prescrit* à chaque homme dès sa naissance des bornes pour
les vertus et pour les vices.

次は (c) です。次の文章を見てください。

70. - Il n'y a point de déguisement qui *puisse* longtemps cacher l'amour où il est, ni le
feindre où il n'est pas.

57

« déguisement » とは、「見せかけ」とか「感情を偽ること」といった意味です。「本当は愛があるところでそれを長い間隠すこと」、あるいは「本当は愛がないところであると装うこと」ができる、そうした « déguisement » はない、という文章です。« déguisement » が否定されているので、関係節では、« puisse » と、接続法が使われます。

(d) については、pour que, avant que などの構文が重要です。他は、様々な譲歩構文が重要です。次の文章を見てみましょう。

3. - Quelque découverte que l'on *ait faite* dans le pays de l'amour-propre, il y reste encore bien des terres inconnues.

Quelque 名詞 que ＋接続法という語法ですが、« ait faite » は接続法過去形です。接続法は、「話し手（ないし主語）の主観的な考え」を表すのでした。ということは、自己愛の国でどれほどの発見をしたと主観的に想定しても、実際にはまだ多くの事柄が残っている、というように、譲歩の意味が導かれるのではないでしょうか。語法として覚えることも大事ですが、接続法のニュアンスから意味をつかむことができれば、読解力がアップします。

「自己愛という土地において人々がどれほどの発見をしてきたにせよ、そこには、未知の領域が大いに残っている。」

自己愛の根深さを言うラ・ロシュフーコーらしい文章ですね。

## （2）接続法半過去・大過去と条件法過去第二形　〜厳めしいものほど怖くない

### A. 接続法半過去・大過去
接続法を要求する主節の動詞が過去時制のとき、それと（ほぼ）同時的な事象を述べる際に接続法半過去が、それより過去の事象を述べる際には接続法大過去が用いられます。直説法と同じ時制の一致です。現代のフランス語では接続法現在、接続法過去が代用されてあまりお目にかかることはありませんが、少し古い文献ではしょっちゅう出くわします。一つだけ例文を挙げておきましょう。

[...] il voulut que le Roi et la Reine *fussent* témoins de ses noces, et qu'elles *eussent* tout l'éclat que leur présence y pouvait donner. (La Rochefoucauld, *Réflexions diverses*)

ここでは、主節の動詞 voulut (vouloir の単純過去) に呼応して、接続法半過去 « fussent »、« eussent » が用いられています。現代では、それぞれ接続法現在 « soient »、« aient » が使わ

れます。最後の箇所は少し意味がとりにくいですが、訳文を見れば大体わかると思います。

　「彼は、王と王妃がこの婚礼の証人となってくださること、ふたりの臨席によってこの婚礼がこの上なく華やかになることを望んだのだ。」（ラ・ロシュフーコー「さまざまな考察」より）

## B. 条件法過去第二形
　ところで、接続法大過去には、とても大切な用法があります。それは、「条件法過去第二形」というものです。要は、条件法過去のかわりに、接続法大過去が使われることがある、というものです（なお、si節の直説法大過去の代わりにも、接続法大過去がよく用いられます）。次の文章を見てみましょう。パスカルの『パンセ』からです。

Si Dieu n'eût permis qu'une seule religion, elle *eût été* trop reconnaissable. (Pascal, *Pensées*, L. 236, B. 578)

　これを条件法などを用いて書き替えてみましょう。« eût permis » とありますね。ここは « si » があって条件節ですから現代風に直説法大過去を用いて « avait permis » となります。次に、« eût été » ですが、こちらは帰結節なので条件法過去を用いて、« aurait été » となりますね。単語はそれほど難しくないですから訳してみましょう。

　「もしも［実際はそうではないのだが］神がただ一つの宗教しかお許しにならなかったのなら、それ［＝その宗教］を見分けるのはあまりに容易だっただろう。」

　しかし実際には、この世界には数多くの宗教があります。そうした混乱の中でも、優れた精神の人は、真の宗教を見抜くことだろう、と話が続きます。
　17世紀から19世紀の文章では、この条件法過去第二形は実によく使われます。« eût (eussent) + 過去分詞 » や « fût (fussent) + 過去分詞 » という形が出て来たら、「条件法過去第二形かもしれない！」と構える癖をつけましょう。こうした姿勢が身につくと、この時代の文章を読む喜びがぐっと増えること、請け合いです。
　最後に、問題です。次の文章から接続法大過去の箇所を抜きだし、次の二つの作業を行ってください。

　a) 可能なら、条件法過去を用いた文に書き替えなさい
　b) 訳しなさい

Il eût été inutile à Archimède de faire le prince dans ses livres de géométrie (...). (Pascal, *Pensées*, L. 308, B. 793)

## 1　ベルクソン　　　　　　　　　　　　　　　　　　Henri Bergson（1859-1941）

　ベルクソンはユダヤ系のポーランド人の父とイギリス人の母の間にパリで生まれた。彼は1889年に博士論文『意識に直接与えられたものについての試論』を提出し、人間精神の本質が持続（意識にあらわれる時間の流れ）にあることを示した。さらに『物質と記憶』（1896年）では、持続はさらに記憶（過去）から身体（現在）への流れとして特徴づけられ、心身問題への解決がはかられる。1900年にコレージュ・ド・フランスの教授になり、同年『笑い』を出版。その後、持続は生物の領域へと拡張され、『創造的進化』（1907年）では独自の進化論を展開した。第一次世界大戦後は国際連盟などで活躍したが、持病のリュウマチが悪化した後は表舞台から退き、彼の哲学を社会領域に拡張した『道徳と宗教の二源泉』（1932年）の執筆に力を注いだ。そこでは開いた社会と閉じた社会という対概念が示されている。ナチス占領下のパリで没した。

## 2　ポアンカレ　　　　　　　　　　　　　　　　　　Henri Poincaré（1854-1912）

　アンリ・ポアンカレは19世紀後半から20世紀初頭におけるフランスを代表する数学者、物理学者。ポアンカレはナンシーで生まれ、フランス数学会の会長やフランス物理学会の会長などを歴任し、パリで没した。ポアンカレ予想や三体問題などの業績でつとによく知られるポアンカレは、ときにドイツの数学者ヒルベルトと比肩される存在である。また彼はカント哲学を一つの背景として科学哲学にも取り組み、20世紀初頭に出版した三つの著作『科学と仮説』（1902）、『科学の価値』（1905）、『科学と方法』（1908）は今なお読み継がれる、科学哲学上の古典である。彼は数学において「直観」が果たす役割を強調する一方、物理学の哲学としては、力学の基礎概念は実験では検証されない、人間の都合でこしらえた規約であるという「規約主義」を主張した。

## 3　メルロ゠ポンティ　　　　　Maurice Merleau-Ponty（1908-1961）

　フランスの実存主義的現象学の代表的な哲学者。高等師範学校ユルム校にてエミール・ブレイエらに師事。1945年に学位論文を提出。同年、主著『知覚の現象学』*Phénoménologie de la Perception* を出版する。この著作で、ゲシュタルト心理学をはじめ、当時最先端の科学とフッサール現象学の洞察を統合し、独自の哲学を展開した。また、サルトルやボーヴォワールらと雑誌『レ・タン・モデルヌ』を創刊し、リヨン大学、ソルボンヌ大学などで哲学・心理学を教えつつ、フランスの実存主義運動を牽引する。1952年にコレージュ・ド・フランス教授に就任。知覚の哲学を中心にしながらも、倫理学、政治哲学、美学、文学など多岐にわたるテーマで著作を発表した。1961年に死去。

## 4　ボーヴォワール　　　　　Simone de Beauvoir（1908-1986）

　ボーヴォワールは哲学教授資格を取得したのち、各地の高校で哲学を教えていたが、小説が評価されて執筆活動に専念した。また生涯をともにしたサルトルとは結婚・出産といった既成の枠組みにとらわれない新しい男女の在り方を示して当時多大な影響を与えた。1945年には雑誌『レ・タン・モデルヌ』の創刊にかかわり、実存主義への批判に対して行動の理論をつくろうと試みた『両義性のモラル』（1947年）、思想的主著である『第二の性』（1949年）を執筆する一方で、小説では『レ・マンダラン』（1954年）がゴンクール賞を受賞し、また『娘時代』（1958年）からはじまる自伝四部作を発表した。70年代には女性解放運動といった社会活動にも参加するとともに、晩年は老年や死といった問題を扱い、『おだやかな死』（1964年）、『老い』（1970年）、『別れの儀式』（1981年）といった作品を残した。

## 5　フーコー　　　　　　　　　　　　　　　Michel Foucault（1926-1984）

　　フランスのエリート校高等師範学校で哲学と心理学を学ん
だフーコーは、博士論文『狂気と非理性』において、ヨーロッ
パにおける理性と非理性の分割、そして狂気が科学の対象と
なっていく歴史を描いた。その後、医学（『臨床医学の誕生』）、
文学（『レイモン・ルーセル』）、人間科学（『言葉と物』）など
の分析を行いつつ、「考古学」と彼が呼ぶ方法論を発展させ、
『知の考古学』でその定式化を試みた。1970年代には政治闘
争に積極的に関与するかたわら、系譜学と呼ばれる歴史方法
論・権力論を『監獄の誕生』『知への意志』などで展開してい
る。70年代末期には「統治性」概念をめぐって権力論を発展
させ、「他者の統治」と「自己の統治」の関係を分析した。その過程で古代ギリシャ・ローマ、
初期キリスト教における主体の問題に関心を移し、『自己への配慮』『快楽の活用』『肉の告白』
のような著作、古代におけるパレーシア（真理の言明）に関する講義などを残した。

## 6　デリダ　　　　　　　　　　　　　　　　Jacques Derrida（1930-2004）

　　デリダは1930年にフランスの植民地だったアルジェリア
のユダヤ人一家に生まれた。受験のためパリに渡り、高等師
範学校に進学して哲学を始める。ハイデガー、フッサール、
ヘーゲルといった近現代ドイツの哲学者の著作を斬新に読み
解いていくことで自らの思想をはぐくんだ。その思想は「脱
構築」というキーワードとともに、まずアメリカなどの英語
圏で人文学の領域に大きな影響を与え、デリダは世界的に著
名な哲学者になっていく。

　　1967年に『エクリチュールと差異』*L'écriture et la différence*、
『グラマトロジーについて』*De la grammatologie*、『声と現
象』*La voix et le phénomène* を刊行し、脱構築の思想家として注目を集める。1972年には『哲
学の余白』*Marges - de la philosophie*、『散種』*La dissémination*、『ポジシオン』*Positions*
という三著作を刊行。その後もフランスやアメリカをはじめ世界各地で講義や講演を繰り広
げ、数多くの著作を刊行した。2004年の死後も、著作や講義録の刊行が続いている。

## 7 レヴィナス　　　　　　　　　　　　　　　Emmanuel Lévinas（1906-1995）

　帝政ロシアの都市カウナス（現リトアニア）で生まれたレ
ヴィナスは、ロシア語とヘブライ語を使用する環境下で育っ
た。ユダヤ人高等中学校を卒業後、ストラスブール大学に留
学、その後フライブルク大学にてフッサールとハイデガーの
講義を聴講。論文『フッサール現象学における直観理論』
*Théorie de l'intuition dans la phénoménologie de Husserl*
（1930）でストラスブール大学の博士課程を修了後、フランス
国籍取得。第二次世界大戦中はフランス兵としてドイツの捕
虜収容所に収容された。この時期の思索は『実存から実存者
へ』*De l'existence à l'existant*（1947）に結実している。戦
後は、記念碑的大著『全体性と無限』*Totalité et infini. Essai sur l'extériorité*（1961）で国家
博士号を取得し、ポワティエ大学、パリ第十大学、パリ第四大学の教授を歴任。現象学に裏打
ちされた哲学的著作を発表する一方で、ユダヤ教に関する重要な著作も多数残している。

## 8 ドゥルーズ　　　　　　　　　　　　　　Gilles Deleuze（1925-1995）

　ジル・ドゥルーズは、エンジニアである父ルイ・ドゥルー
ズと母オデット・カマユエルの次男としてパリに生まれる。兄
ジョルジュは戦時中レジスタンス活動に参加するなかドイツ
軍に捕らわれ、強制収容所に移送される途中に死亡。ソルボ
ンヌ大学にて就学後、いくつかのリセの教員、ソルボンヌ大
学哲学史の助手を経て、1964年から69年にリヨン大学教授を
務める。1968年5月の学生運動を継いでヴァンセンヌに新設
されたパリ第8大学において、退官する1987年まで教鞭を執
る。1950年代から60年代にかけて、ヒューム、ニーチェ、カ
ント、ベルクソンについての哲学史研究を発表した後、伝統
的な古典的思考を批判する独自の差異の哲学を展開した『差異と反復』（1968年）で国家博士
号を取得。70年代からは精神分析家フェリックス・ガタリと共同し『アンチ・オイディプス』
（1972年）、『千のプラトー』（1980年）、『哲学とは何か』（1990年）を刊行。哲学だけではな
く、文学、芸術、政治など幅広い領域で思索を展開する。1995年11月4日パリのアパルトマ
ンから身を投げ、死を迎える。

## 9 ディドロ Denis Diderot（1713-1784）

啓蒙思想を代表する「フィロゾーフ」。小説、戯曲、エッセー、美術批評など、多彩なジャンルの作品によって知られる。1746年よりダランベールとともに『百科全書』*Encyclopédie* 編集に取り組む（刊行は1751-1772年）。『哲学断想』*Pensées philosophiques*（1746）の理神論を経て『盲人書簡』*Lettre sur les aveugles*（1749）で無神論を表明、危険思想ゆえに投獄される。1750年代後半には戯曲『私生児』*Le Fils naturel*（1757）、『一家の父』*Le Père de famille*（1758）を出版。また、王立絵画彫刻アカデミー主催の展覧会評『サロン』*Salons*（1759-1781）により、美術批評の進展に大いに貢献する。小説『修道女』*La Religieuse*（1780）では非人間的な修道院生活を告発、『ブーガンヴィル航海記補遺』*Supplément au Voyage de Bougainville*（1796）ではキリスト教道徳に基づいた西洋文明を痛烈に批判した。また『運命論者ジャックとその主人』*Jacques le fataliste et son maître*（1796）では、メタフィクションの手法で小説というジャンルそのものを批判する。晩年、ロシアのエカチェリーナ2世の厚遇を受け、政策立案に貢献する。唯物論的自然観に基づく『ダランベールの夢』*Le Rêve de d'Alembert*（1831）、芸術、天才、道徳を主題とする『ラモーの甥』*Le Neveu de Rameau*（1891）はいずれも死後出版の対話体小説である。

## 10 コンディヤック Étienne Bonnot de Condillac（1714-1780）

コンディヤックは、啓蒙期の哲学者であり、ディドロやルソーの友人でもあった。法服貴族の家庭に生まれ、司祭としての教育を受けたが、関心は専ら自然科学や認識論に向き、生涯で一度しかミサを行わなかったと伝えられる。イギリスのロックの経験主義に強い影響を受け、人間の知性の生成を、その最も単純な場面から描きだそうとした。彼は専ら「感覚」を人間の経験の基礎に据え、これが徐々に複雑になっていく様を『感覚論』『人間認識起源論』などで記述したのである。立像に嗅覚から始まって徐々に様々な感覚を与え、この立像がいかなる認識を獲得していくかを語るその思考実験は、後世に大きな影響を与えた。フーコーやデリダも、独自の仕方で、コンディヤックの思考に注目した。

## 11 ルソー　　　　　　　　　　　Jean-Jacques Rousseau（1712-1778）

　ジャン゠ジャック・ルソーは、1712年にジュネーヴに生まれた。当時のジュネーヴは、ジュネーヴ共和国という独立国家で、ルソー家は「市民」の資格を持っていた。幼くして母親を亡くし、父親が失踪したこともあって学校教育を一切受けることがなかったが、あらゆる学問を独学で学び、1750年の懸賞論文『学問芸術論』*Discours sur les sciences et les arts*でデビューを果たす。鋭い文明批判で知られる『人間不平等起源論』*Discours sur l'origine et les fondements de l'inégalité parmi les hommes*（1755）、民主主義のマニフェストともいわれる『社会契約論』（1762）、年少期における感覚教育の重要性を前面に押し出した『エミール』*Émile ou De l'éducation*（1762）などを執筆する。後年は、『告白』*Les Confessions*（死後出版）、『孤独な散歩者の夢』*Les Rêveries du promeneur solitaire*（1778）など、自己の内面を赤裸々に綴る自伝を刊行し、19世紀に続くロマン主義の端緒となった。啓蒙思想家に分類されるが、理性や文明の負の側面をも鋭くえぐりだす哲学者である。1778年死去。

## 12 コンドルセ　Marie Jean Antoine Nicolas de Caritat, marquis de Condorcet（1743-1794）

　コンドルセは18世紀フランスの数学者であり、確率論を社会現象に適用するための認識論的試みや、陪審定理および投票の逆理など、後に社会選択論と呼ばれる数学的業績（コンドルセ自身は「社会数学」と呼んだ）で知られる。また、若い頃は財務総監テュルゴーの片腕として政治改革に関わり、革命期には代議士として活躍した。他には、全ての人に教育が必要とした公教育論や、間接民主制を支持する議論、人間の文明発展史を描いた『人間精神進歩の歴史』（1795）などで知られる。科学的な認識の発展により人間の精神が進歩するという進歩思想を持っていた。黒人奴隷の解放や女性参政権の問題にも関心が深かった。

## 13　メーヌ・ド・ビラン　　　François Pierre Gontier Maine de Biran（1766-1824）

　　フランスの哲学者・政治家。生没年を見ればわかるように、フランス革命のただ中を生きた。1766年、ボルドー近くの小都市ベルジュラックにて、貴族の家庭に生まれる。革命時は近衛兵だったが、恐怖政治期は故郷近くに隠棲、その後行政官などとして活躍、地方政治家としてキャリアを積んだ後、1812年以降立法院議員となり、国政でも活躍した。若き日はルソーやイデオロジストの著作に親しみつつ、独自の幸福の技術を開発しようとするが、その後徐々に学問論に移行する。アマチュアの哲学者として各地のアカデミーの懸賞論文に応募、この過程でその思索を徐々に深めていくことになる。意志と身体との関係性のうちに自我の存在構造を見出し、かつこれを学問的諸カテゴリー導出の根拠とする独特の自我論を展開、フランス・スピリチュアリスムの祖とされる。

## 14　コント　　　Auguste Comte（1798-1857）

　　エコール・ポリテクニクに進学後、政治的動乱が理由で中途退学となってからはサン＝シモンの秘書になり、1822年に『社会再組織に必要な科学的作業のプラン』を著す。ここには後に展開されるコント哲学のほぼ全発想がすでに見られるが、この著作がもとになりサン＝シモンと決別する。その後、科学の体系を示した分類の法則と、神学的・形而上学的・実証的という三つの段階を経て人間知識が発展するという三段階の法則に基づいて『実証哲学講義』（1830-42年）を出版した。その目的は社会学創設による知的統一とそれによる不安定化したフランス社会の統合であった。その後クロティルド・ド・ヴォーとの恋愛を転機に、愛他の感情に基づく人類教の思想を示す『実証政治体系』（1851-54年）を著し、後期実証主義が展開される。コントは正規の教授職に生涯つくことはなかったが、その影響は後世に広く残ることとなった。

## 15　クルノー　　　　　　　　　Antoine Augustin Cournot（1801-1877）

　　クルノーは数理経済学の創始者の一人であり、偶然と確率に基づく独自の哲学を展開した。リヨン大学で教えたのち、電流の法則で有名な物理学者アンペールの後任として視学総監を務めている。数学の主著は『偶然と確率の理論の詳解』（1843）であり、頻度としての数学的確率と信念の確かさとしての哲学的確率を区別している。経済学の主著は『富の理論の数学的原理に関する研究』（1838）であり、そこには数理経済学の先駆的なアイデア、のちの限界効用理論やゲーム理論に発展するような萌芽的発想が含まれている。そして哲学的主著は『認識の根拠と哲学的批判の特徴に関する試論』（1851）

であり、ここでは確率に基づく認識論と偶然と多元的な秩序が織りなす存在論が展開される。これらの著作は先進的すぎたせいか広く注目されることはなかったが、晩年は視力の悪化に苦しみつつもパリで没するまで著作活動を続けた。

## 16　モンテーニュ　　　　　　　Michel Eyquem de Montaigne（1533-1592）

　　1533年、ボルドー近郊「モンターニュ（山間の）」村の領主であった新興貴族の一門にモンテーニュは生まれる。1572年、20代後半からの法官職を辞し、書斎での思索と執筆の生活に入る。しかし、「乳飲み子の時分から」慣れ親しんできた古代文芸の世界に浸る夢が叶ったのは、1592年に他界する直前の数年間だけだった。人望の厚かった彼は、ボルドー市長また国王の侍従武官となり、宗教戦争によって疲弊しきった国政への関与を余儀なくされる。『エセー』は、そのあいまを縫いながら20年に渡り書き継がれた、モンテーニュ唯一の著作である。

　　全体は3巻構成。1580年にまず2巻本として出版され、1588年に第3巻が加わる。そのさい、モンテーニュは、8年の間に考えたことを最初の2巻の諸所に追加する。その後も他界する直前まで、「修正はするが、削除はしない」方針のもと、版本の一冊に書き込みは続けられた。没後ほどなく、モンテーニュが生前深い信頼を寄せていた人物が、この書き込み分を1588年版に埋め込み、1595年に公刊。こうして、執筆時期の異なるテクストが入子構造をなし、『エセー』は、「私」を唯一無二の対象とする内容面のみならず、形態においても、前例のない著作となった。

## 17 | 18　デカルト　　　　　　　　　　　　　René Descartes（1596-1650）

　　デカルトは1596年にトゥレーヌ生まれ、祖父ピエールは医者、父ジョアサンは高等法院に勤める役人であった。1607年にイエズス会の学校であるラフレーシュ学院に入学、1615年に卒業後はポワティエ大学の法学部に進み、1年後に法学士を取得する。学士号取得ののちは、1618年に「世間という書物」から学ぶためヨーロッパを巡る旅に出る。この時期から1630年ごろに至る学問的業績として、音楽論、光学研究（屈折の法則をスネルとほぼ同時に発見）、解析幾何学の技法の開発、多面体の研究などがある。若きデカルトの学問構想とその方法は、パリ滞在記に執筆された未完の草稿『精神指導の規則』 *Regulae ad directionem ingenii*（1625-28年ごろ）にまとめられている。

　　1629年以降はオランダに居を移し、『方法序説と三試論』 *Discours de la méthode et trois Essais*（1637）に続き、『省察』 *Meditationes*（1641）、『哲学の原理』 *Principia philosophiae*（1644）など体系的な著作を矢継ぎ早に出版するが、それによって、神学上の論争に巻き込まれることにもなった。その後も『情念論』 *Passions de l'âme*（1649）を執筆するなど思索に衰えはなかったが、1649年にスウェーデンのクリスティナ女王に招かれて10月に当地に渡ったのち、1650年2月に肺炎で死去した。

## 19　パスカル　　　　　　　　　　　　　　Blaise Pascal（1623-1662）

　1623年に法官貴族の家庭に生まれる。幼いころから天才ぶりを発揮したブレーズに対して、高等法院に勤めつつ科学サークルの一員であった父エティエンヌはみずから独自の教育を施した。16歳でデザルグの射影幾何学に想を得た『円錐曲線論』*Essai pour les coniques* を執筆し、19歳の時に独自の工夫を凝らした計算機を作成した。その後、数学では、確率論の基礎をフェルマとともに築き、またサイクロイドの求長問題などを解決する。自然科学では、トリチェッリの実験に端をなす大気圧問題を、『流体の平衡と大気の重さ』*Traité de l'équilibre des liqueurs et de la pesanteur de la masse de l'air* というきわめて明晰な論文にまとめ上げて、ヘクトパスカルという単位に名を遺した。また、いわゆるジャンセニスムに傾倒し、イエズス会を批判する文書『プロヴァンシャル』*Les Provinciales* は読み物として圧倒的な成功を収めた。1654年の決定的回心以降は、護教論の著作の執筆に精力を注ぎ、残された断章群は死後『パンセ』*Pensées* として出版された。1662年に39歳で逝去。あらゆる領域で活躍したパスカルは、事柄の性質に応じて論証・説得を見事に使い分ける、論証の天才であった。

## 20　マルブランシュ　　　　　　　　　　Nicolas Malebranche（1638-1715）

　パリにて、ルイ14世と同年に生まれたマルブランシュは、マルシュ学院にて哲学を (1654-1656)、ソルボンヌ大学にて神学を (1656-1659) 学ぶも、スコラの学問に満足できず、1660年にオラトワール修道会へと入会。1664年に司祭へと叙階される。1674年の『真理探求論』*De la recherche de la vérité* から没年の『物理的先動についての省察』*Réflexions sur la prémotion physique* に至るまで、約40年にわたって数々の著作を発表した。その他の著作には『自然恩寵論』*Traité de la nature et de la grâce*、『形而上学と宗教についての対話』*Entretiens sur la métaphysique et sur la religion*、『神愛論』*Traité de l'amour de Dieu*、『中国の哲学者との対話』*L'entretien avec un philosophe chinois* など。デカルト自然哲学とアウグスティヌス神学の融合を模索しつつ、「我々はすべてを神のうちに見る」とか「すべての原因は神である」といった論争的なテーゼを提示し、独自の体系的な世界観を作りあげた。

## 21 | 22 ライプニッツ　　　　　　　Gottfried Wilhelm Leibniz（1646-1716）

　ライプニッツは、ルター派の家系にある道徳哲学者の子としてライプツィヒに生まれた。6歳のときに父が病死するが、その書庫を活用し、独学により極めて早熟な成長を示した。1661年にニコライ学院を出ると、ライプツィヒ大学やイエナ大学では哲学に加え、数学や法学、史学を学んだ。まだあまりに若年であるという理由で学位を断られると、アルトドルフ大学に法学の博士論文を提出し法学博士となった。そして、自由な学問によって世界に奉仕すべく、大学には残らず宮廷に仕える道を選ぶ。宮廷では主に顧問官、図書館長を務める傍ら、哲学や論理学、数学、自然学、医学、技術、地学、法学、神学、歴史学、中国学などほとんどあらゆる領域に関する研究を行なった。1672年にパリに外交官として留学する機会を得ると、わずか数年で微積分や計算機を発明するなど数学の才能が開花し、またたくまにヨーロッパ中に名声を轟かせた。1676年にドイツに戻ってからも世界の知識人と精力的に文通した。晩年は宮廷で不遇となり、痛風にも悩まされ、クラークを介してニュートンとのあいだで微積分の先取権論争が生じるなど困難を経験したが、絶えず学問を探究した。彼は、あらゆる知識を統合する普遍学を構想し、その関連で普遍言語や普遍的記号法、百科全書を計画した。しかし、彼は自らの構想をまとまった形にすることなく、体系的書物は残さず、生前唯一刊行した著作は悪の起源と自由の問題を扱った『弁神論』*Essais de Théodicée* のみであった。しかし、中期の『形而上学叙説』*Discours de la métaphysique* や後期の『モナドロジー』*Monadologie* といった多くの小論を残しており、それらと膨大な遺稿や書簡からその独創的な哲学の発展を伺うことができる。

【編者代表】

武田　裕紀（追手門学院大学　基盤教育機構　教授）〈担当:(11)(17)(19)〉
三宅　岳史（香川大学教育学部　准教授）〈担当:(1)(4)(14)(15)〉
村松　正隆（北海道大学大学院　文学院　准教授）〈担当:(10)(13)〉

【執筆者】

中村　大介（豊橋技術科学大学総合教育院　准教授）〈担当:(2)〉
國領　佳樹（立教大学　兼任講師）〈担当:(3)〉
坂本　尚志（京都薬科大学　一般教育分野　准教授）〈担当:(5)〉
亀井　大輔（立命館大学　文学部　教授）〈担当:(6)〉
伊原木大祐（京都大学大学院　文学研究科　准教授）〈担当:(7)〉
小林　卓也（大阪大学大学院　人間科学研究科　招聘研究員）〈担当:(8)〉
山上　浩嗣（大阪大学大学院　文学研究科　教授）〈担当:(9)〉
隠岐さや香（名古屋大学大学院　経済学研究科　教授）〈担当:(12)〉
大西　克智（九州大学　人文科学研究院　准教授）〈担当:(16)(18)〉
橘　英希（大阪体育大学　特定講師〈担当:(20)〉
池田　真治（富山大学　学術研究部人文科学系　准教授）〈担当:(21)(22)〉

## フランス語で読む哲学22選

### ―モンテーニュからデリダまで―

検印
省略　　　　　　　　　　　　©2021年1月30日　　初版発行

編　者　　　　　　　　　　　　　武　田　裕　紀
　　　　　　　　　　　　　　　　三　宅　岳　史
　　　　　　　　　　　　　　　　村　松　正　隆

発行者　　　　　　　　　　　　　原　　　雅　久
発行所　　　　　　　　　　株式会社　朝　日　出　版　社
　　　　　　　　　〒101-0065 東京都千代田区西神田3-3-5
　　　　　　　　　　TEL (03) 3239-0271・72（直通）
　　　　　　　　　　振替口座 東京 00140-2-46008
　　　　　　　　　　http://www.asahipress.com/
　　　　　　　　　メディアアート/信毎書籍印刷

## 出典一覧

(1)  Henri Bergson, *Essai sur les données immédiates de la conscience*, P.U.F., 2013, pp. 94-95.

(2)  Henri Poincaré, *La Science et l'hypothèse*, Flammarion, 1968, p. 40.

   Henri Poincaré, *La Valeur de la science*, Flammarion, 1970, pp. 35-37.

(3)  Merleau-Ponty, *Le Primat de la perception et ses conséquences philosophiques*, Éditions Verdier, 1996, pp. 51-52.

(4)  Simone de Beauvoir, *Le Deuxième Sexe (L'expérience vécue)*, Gallimard, 1949, pp. 569-570.

(5)  Michel Foucault, *Les Mots et les choses* (1966), dans *Œuvres*, tome I, Gallimard, 2015, pp. 1456-1457.

(6)  Jacques Derrida, *Marges – de la philosophie*, Minuit, 1972, pp. 13-14.

(7)  Emmanuel Levinas, *Autrement qu'être ou au-delà de l'essence*, Librairie générale française, 1990, pp. 137-138.

(8)  Gilles Deleuze, Félix Guattari, *Qu'est-ce que la philosophie ?*, Minuit, 2005, pp. 10-11.

(9)  Denis Diderot, « Salon de 1763 », dans *Essais sur la peinture ; Salons de 1759, 1761, 1763*, textes établis et présentés par Gita May et Jacques Chouillet, Hermann, 1984, pp. 219-220.

(10) Étienne Bonnot de Condillac, « Essai sur l'origine des connaissances humaines », *Œuvres philosophiques de Condillac*, vol.1, P.U.F., 1947, p. 57.

(11) Jean-Jacques Rousseau, *Du contrat social*, Classiques Garnier, 1969, pp. 243-244. → その他の版も参照.

(12) Condorcet, « Sur l'admission des femmes au droit de cité », *Œuvres de Condorcet*, tome 10, Didot, 1847, pp. 121-130.

(13) Maine de Biran, *Essai sur les fondements de la psychologie*, dans *Œuvres de Maine de Biran*, VII-1, Vrin, 2002, pp. 142-143.

(14) Auguste Comte, *Discours sur l'esprit positif*, Vrin, 2009, pp. 71-74.

(15) Antoine Augustin Cournot, *Essai sur les fondements de nos connaissances et sur les caractères de la critique philosophique*, dans *Œuvres complètes*, vol. II, Vrin, 1975, p. 30.

(16) Michel de Montaigne, *Les Essais*, éd. Villey-Saulnier, P.U.F., nouvelle éd. 2004, pp. 804-805.

(17) René Descartes, *Discours de la Méthode pour bien conduire sa raison et chercher la vérité dans les sciences*, dans *Œuvres de Descartes*, publiées par Ch. Adam & P.

Tannery, nouvelle édition, 1996, tome VI, pp. 32-33. →その他の版も参照

(18) René Descartes, *Les Passions de l'âme*, éd. G. Rodis-Lewis & D. Kambouchner, Vrin, 2010, pp. 97-98, p.211.

(19) Blaise Pascal, « De l'esprit géométrique », dans *Œuvres complètes*, tome III, texte établi, présenté et annoté par Jean Mesnard, Desclée de Brouwer « Bibliothèque européenne », 1991, pp. 394-395.

(20) Nicolas Malebranche, *De la recherche de la vérité, où l'on traite de la nature de l'esprit de l'homme, et de l'usage qu'il en doit faire pour éviter l'erreur dans les sciences, Œuvres complètes de Malebranche*, tome 1, éd. Geneviève Rodis-Lewis, 1991, Vrin, pp. 9-10. など

(21) Gottfried Wilhelm Leibniz, *Essais de Théodicée sur la Bonté de Dieu, la Liberté de l'Homme et l'Origine du Mal*, Chronologie et introduction par J. Brunschwig, GF Flammarion, 1969, pp. 116.

(22) Gottfried Wilhelm Leibniz, *Discours de métaphysique* suivi de *Monadologie* et autres textes, Édition établie, présentée et annotée par Michel Fichant, Gallimard, 2004, pp. 219-220.

## このテキストについて

＊モンテーニュについては、揺籃期を抜け出す途上の時期にあったフランス語の雰囲気を味わってもらうために、テキストは研究者も使用する校訂版と同じ旧綴りのものを使用する。デカルト以降については、原典は旧綴りの場合も現代綴りのテキストを使用する。なお、句読点法がエディションによって異なる場合は、学習者にとって最も読みやすいと思われるものを選択している。

＊2016年の学校教科書における綴り字改訂に関しては、脚注などについては新綴りを反映させているが、本文は原則として底本の綴りに従っている。

＊【3つの小さな文法練習】における訳文は、ラ・ロシュフーコーは岩波文庫版（二宮フサ訳）、講談社学術文庫版（武藤剛史訳）、『パンセ』は岩波文庫版（塩川徹也訳）を参照しつつ、編者一同で作成した。感謝をこめて記します。